1000

सामान्य ज्ञान प्रश्नोत्तरी

इस शृंखला की पुस्तकें

1000
सामान्य ज्ञान
प्रश्नोत्तरी

जी. बसु

सत्साहित्य प्रकाशन, दिल्ली

प्रकाशक : **सत्साहित्य प्रकाशन**
694-ए, (पहली मंजिल) चावड़ी बाजार, दिल्ली-110006
 / संस्करण : 2025 / पेपरबैक मूल्य : पाँच सौ रुपए
मुद्रक : नरुला प्रिंटर्स, दिल्ली अनुवाद : श्रीमती प्रवीण शर्मा

1000 SAMANYA GYAN PRASHNOTTARI

by G. Basu ₹ 500.00 (PB)

Published by **SATSAHITYA PRAKASHAN**
694-A, (First Floor) Chawri Bazar, Delhi-110006
ISBN 978-81-970071-8-7

मेनका के लिए

अनुक्रम

1

साहित्य

1. कौन सी पुस्तक सर्वाधिक बिकनेवाली पुस्तक मानी जाती है ?
   (अ) दि कंसाइज ऑक्सफोर्ड डिक्शनरी
   (ब) दि ऑक्सफोर्ड एडवांस्ड लर्नर्स डिक्शनरी
   (स) दि गिनीस बुक ऑफ रिकॉर्ड्स
   (द) बार्थोलॉम्युज स्कूल एटलस
2. पूर्वी सभ्यता में लिखे गए अनेक नाटकों में संस्कृत के नाटक सबसे पुराने हैं। 1500 ई.पू. नाटक विधा चरम पर थी। निम्नलिखित में से पहला नाटककार कौन था ?
   (अ) भवभूति (ब) कालिदास
   (स) बाण (द) भास
3. सिपाहियों के विद्रोह को लेकर लिखे गए अनेक उपन्यासों में से एक 'दि सीज ऑफ कृष्णपुर' किसने लिखा ?
   (अ) जे.जी. फॅरेल (ब) एम.एम. केय
   (स) जॉन मास्टर्स (द) पॉल स्कॉट
4. नगर निगम के करों से सहायता पानेवाला विश्व का सबसे पुराना सार्वजनिक पुस्तकालय कौन सा है ?
   (अ) बिब्लियोथेक नेशनल, पेरिस (ब) द ब्रिटिश म्यूजियम
   (स) न्यूयॉर्क पब्लिक लाइब्रेरी (द) बोस्टन पब्लिक लाइब्रेरी
5. प्रथम 'भारतीय ज्ञानपीठ पुरस्कार' किसे दिया गया ?
   (अ) महादेवी वर्मा (हिंदी)

उत्तर के लिए कृपया पृष्ठ सं. 145 देखें।

(ब) उमाशंकरजोशी (गुजराती)

(स) का.ना. सुब्रह्मण्यम (तमिल)

(द) जी. शंकर कुरुप (मलयालम)

6. पुस्तक प्रकाशन में 'सर्वाधिकार' (Copy Right) पर लेखक का नियंत्रण होता है। यह अधिकार कब तक रहता है?

(अ) उसकी मृत्यु के बाद पचास वर्षों तक

(ब) प्रकाशन की तारीख से पचास वर्षों तक

(स) लेखक की मृत्यु के बाद पचहत्तर वर्षों तक

(द) लेखक की मृत्यु के बाद पचास वर्ष या प्रकाशन की तारीख से पचास वर्ष तक, इसमें जो भी बाद में हो

7. हिंदी के अतिरिक्त और कौन सी भाषा देवनागरी लिपि में लिखी जाती है?

(अ) तमिल (ब) पंजाबी

(स) मराठी (द) बँगला

8. साहित्य के क्षेत्र में पहली बार नोबेल पुरस्कार सन् 1901 में किसे प्रदान किया गया?

(अ) जॉर्ज बर्नार्ड शॉ (ब) एच.जी. वेल्स

(स) लियो टॉल्सटाय (द) आर.एफ.ए. सूली-प्रुधोम्मे

9. निम्नलिखित में से किस लेखक की रचनाएँ विश्व की अनेक भाषाओं में अनेक बार अनूदित की गईं?

(अ) शेक्सपियर (ब) चार्ल्स डिकेंस

(स) वी.आई. लेनिन (द) हेंस क्रिस्टीन एंडरसन

10. वियतनाम युद्ध के दौरान पूर्व वियतनाम का 'दा नांग' शहर काफी चर्चित रहा। क्यों?

(अ) यहाँ पर सरकार की टुकड़ियों और वियत कांग के बीच बार-बार मुठभेड़ होती थी।

(ब) अमेरिकी सैनिक यहाँ आकर विश्राम और मौज-मस्ती करते थे।

(स) यह पहला प्रमुख वियतनामी शहर था, जो वियत कांग के कब्जे में आया था।

(द) यहाँ पर संयुक्त राज्य अमेरिका का बहुत बड़ा सैन्य अड्डा था।

11. पुस्तक विक्रेता फर्म का कोई कर्मचारी उपन्यासकार की ख्याति पर गहन

उत्तर के लिए कृपया पृष्ठ सं. 145 देखें।

रूप से विचार करता था। उसने जाना कि उसके सभी उपन्यास निश्चित फॉर्मूले पर लिखे जाते हैं। जब उसने भी अपने फॉर्मूले तय किए तो अपनी नौकरी छोड़ दी। अब वह उपन्यास लिखने लगा। बाद में चलकर वह 'बेस्ट सेलर' बन गया। यह लेखक कौन था?

(अ) चार्ल्स विल्किंस (ब) सर विलियम जोंस

(स) एच.एच. विल्सन (द) हेनरी कोलब्रुक

12. भारत का सबसे पुराना 'बुक स्टॉल' कौन सा है?

(अ) न्यूमैंस, कोलकाता

(ब) हिग्नीबॉथम्स, चेन्नई

(स) द स्ट्रैंड, मुंबई

(द) दासगुप्ता एंड कंपनी, कोलकाता

13. फलित ज्योतिष विद्या पर भारत का प्राचीनतम शोधग्रंथ कौन सा है?

(अ) भास्कराचार्य का 'गणिताध्याय'

(ब) अज्ञात लेखक का 'सूर्यसिद्धांत'

(स) वराहमिहिर की 'बृहत्संहिता'

(द) वराहमिहिर की 'पंचसिद्धांतिकी'

14. साहित्य अकादमी में मानक सदस्य ऑनरेरी फेलो होता है। सन् 1990 तक इसमें केवल एक ही विदेशी फेलो था, जो एक प्रतिष्ठित कवि था। उसका क्या नाम था?

(अ) गुंटर ग्रास (ब) ब्रियन पैटन

(स) लियोपॉल्ड सेडर सैंगर (द) जोसेफ ब्रास्की

15. भारत में जनमे रुड्यार्ड किपलिंग ने जंगल की अनेक कहानियाँ लिखी हैं। वह कौन सा क्षेत्र था, जिसका चित्रण इन कहानियों में हुआ है?

(अ) सुंदर वन (ब) रणथंभौर

(स) कान्हा (द) कुमाऊँ

16. भारत का राष्ट्रगान किसने लिखा?

(अ) सुमित्रानंदन पंत (ब) बंकिमचंद्र चट्टोपाध्याय

(स) महादेवी वर्मा (द) रवींद्रनाथ टैगोर

17. संस्कृत नाटकों में हँसमुख तथा पेटू पात्र 'विदूषक' की विशिष्ट जाति कौन सी होती है?

उत्तर के लिए कृपया पृष्ठ सं. 145 देखें।

(अ) ब्राह्मण (ब) क्षत्रिय
(स) वैश्य (द) शूद्र

18. बहुत कम लोगों को राष्ट्रीय स्तर के दो प्रमुख साहित्यिक पुरस्कार मिले हैं। उस उड़िया साहित्यकार का नाम बताएँ, जिन्हें साहित्य अकादमी और भारतीय ज्ञानपीठ पुरस्कार दोनों से नवाजा गया।
(अ) बीरेंद्र कुमार भट्टाचार्य (ब) हीरेन गोहाईं
(स) चंद्रकांत गोगोई (द) हितेश डेका

19. पहला विश्वकोश (एनसाइक्लोपीडिया) किसने लिखा?
(अ) विंसेंट ऑफ ब्यूवेइस : मिरर ऑफ द वर्ल्ड
(ब) इफ्राइम चैंबर्स : साइक्लोपीडिया
(स) लिनी द एल्डर : नैचुरल हिस्ट्री
(द) डिडरॉट और अन्य : एनसाइक्लोपीडिया

20. दस राजकुमारों की कथाओं के संग्रह 'दशकुमारचरित' का रचयिता कौन है?
(अ) बाण (ब) दंडिन
(स) सुबंधु (द) कालिदास

21. अंग्रेजी भाषा के लिए सबसे पहले साहित्य अकादमी पुरस्कार किसे दिया गया था?
(अ) खुशवंत सिंह (ब) आर.के. नारायण
(स) राजा राव (द) ए.के. रामानुजन

22. तमिलभाषी जनसमुदाय का महाकाव्य 'रामायणम्' किसने लिखा?
(अ) अज्ञात (ब) कंबन
(स) तिरुतक्कदेवर (द) अवैयूर

23. अंग्रेजी की प्रसिद्ध कविता 'ट्विंकल ट्विंकल लिटिल स्टार' के रचयिता कौन थे?
(अ) ऐन टेलर (ब) जेन टेलर
(स) ऐन और जेन टेलर (द) लेविस कैरोल

24. हिंदी के प्रसिद्ध खंडकाव्य 'मधुशाला' के रचयिता कौन हैं?
(अ) मैथिलीशरण गुप्त (ब) हरिवंश राय बच्चन
(स) महादेवी वर्मा (द) जयशंकर प्रसाद

उत्तर के लिए कृपया पृष्ठ सं. 145 देखें।

25. मूल संस्कृत से अंग्रेजी में सबसे पहले (1784 में) 'भगवद्गीता' का अनुवाद किसने किया?

(अ) सर विलियम जोंस (ब) चार्ल्स विल्किंस

(स) हेनरी कोलब्रूक (द) हॉरेस हेमैन विल्सन

26. भारत की प्राचीनतम लिपि कौन सी है?

(अ) ब्राह्मी (ब) खरोष्ठी

(स) ग्रंथ (द) देवनागरी

27. विश्व में पुस्तक प्रकाशन के क्षेत्र में भारत को कौन सा स्थान प्राप्त है?

(अ) तीसरा (ब) चौथा

(स) छठा (द) सातवाँ

28. कालिदास के महाकाव्य 'मेघदूत' में वर्णित रामगिरि आज कहाँ पर स्थित है?

(अ) उत्तर प्रदेश में (ब) मध्य प्रदेश में

(स) हिमाचल प्रदेश में (द) उड़ीसा में

29. भारतीय ज्ञानपीठ के संस्थापक कौन थे?

(अ) लाला श्रीराम (ब) साहू एस.पी. जैन

(स) जी.डी. बिरला (द) जे.आर.डी. टाटा

30. नेशनल बुक ट्रस्ट की स्थापना कब हुई थी?

(अ) सन् 1949 (ब) सन् 1953

(स) सन् 1957 (द) सन् 1961

31. निम्नलिखित में से किस इतिहासवेत्ता को साहित्य के क्षेत्र का नोबल पुरस्कार दिया गया?

(अ) एडवर्ड गिब्बन (ब) थेयोडर मोम्मसन

(स) जी.एम. ट्रेविलेन (द) हग ट्रेवर-रोपर

32. निम्नलिखित में से किस दार्शनिक को साहित्य के लिए नोबल पुरस्कार दिया गया?

(अ) कार्ल जेस्पर्स (ब) हेनरी बर्गसन

(स) एफ.एच. ब्रेडली (द) नोम चॉम्स्की

33. आरंभ में नोबल पुरस्कार केवल पाँच विषयों पर दिया जाता था। इसमें बाद में छठे विषय के रूप में अर्थशास्त्र को सम्मिलित कर लिया गया। पहली

उत्तर के लिए कृपया पृष्ठ सं. 145 देखें।

बार यह पुरस्कार अर्थशास्त्र के लिए कब दिया गया ?

(अ) सन् 1967 (ब) सन् 1969

(स) सन् 1971 (द) सन् 1973

34. किस भारतीय नेता ने 'चाणक्य' उपनाम से लेखन किया ?

(अ) जवाहर लाल नेहरू (ब) महात्मा गांधी

(स) लाल बहादुर शास्त्री (द) सरदार पटेल

35. मुंशी प्रेमचंद का वास्तविक नाम क्या था ?

(अ) शरच्चंद्र (ब) धनपत राय

(स) अमृतराय (द) प्रेमचंद श्रीवास्तव

36. 'मालगुडी डेज' में वर्णित आर.के. नारायणन का काल्पनिक मालगुडी कस्बा कहाँ स्थित है ?

(अ) जयपुर (ब) मैसूर

(स) कन्याकुमारी (द) हैदराबाद

37. हिंदी को भारतीय संविधान में संघ की राजभाषा के रूप में कब मान्यता मिली ?

(अ) 14 सितंबर, 1948 (ब) 14 सितंबर, 1949

(स) 14 सितंबर, 1950 (द) 14 सितंबर, 1953

38. आचार्य महावीर प्रसाद द्विवेदी ने किस पत्रिका के माध्यम से खड़ी बोली हिंदी को परिष्कृत और परिमार्जित करने में महत्त्वपूर्ण भूमिका निभाई ?

(अ) चाँद (ब) सुधा

(स) सरस्वती (द) प्रताप

39. संविधान के किस अनुच्छेद के अनुसार संघ की राजभाषा हिंदी और लिपि देवनागरी है ?

(अ) अनुच्छेद 343 (ब) अनुच्छेद 346

(स) अनुच्छेद 344 (द) अनुच्छेद 342

40. 'मैथिल कोकिल' किसे कहा जाता है ?

(अ) विद्यापति (ब) बिहारी

(स) कलक्टर सिंह 'केसरी' (द) घनानंद

41. पाणिनि ने किस ग्रंथ के द्वारा भाषा को एकरूपता देने का प्रयास किया ?

(अ) अष्टाध्यायी (ब) महाभाष्य

उत्तर के लिए कृपया पृष्ठ सं. 145 देखें।

(स) योगवासिष्ठ (द) बृहस्पतिनीतिसार

42. हिंदी साहित्य के इतिहास का प्रथम लेखक कौन है?
(अ) जॉर्ज ग्रियर्सन (ब) शिवसिंह सेंगर
(स) आचार्य रामचंद्र शुक्ल (द) गार्सां द ताँसी

43. 'बरवै रामायण' किसकी रचना है?
(अ) तुलसीदास (ब) नरहरि बारहट
(स) केशवदास (द) प्राणचंद चौहान

44. हिंदी की प्रसिद्ध संस्था 'नागरी प्रचारिणी सभा' की स्थापना कब हुई थी?
(अ) 1893 ई. (ब) 1855 ई.
(स) 1947 ई. (द) 1950 ई.

45. 'उर्वशी' का रचनाकार इनमें से कौन है?
(अ) धर्मवीर भारती (ब) मैथिलीशरण गुप्त
(स) कुँवर नारायण (द) रामधारी सिंह 'दिनकर'

46. खड़ी बोली हिंदी का प्रथम महाकाव्य किसे माना गया है?
(अ) कामायनी (ब) प्रियप्रवास
(स) जयद्रथ-वध (द) जय भारत

47. प्रथम हिंदी पत्र 'उदंत मार्तंड' का प्रकाशन कब शुरू हुआ?
(अ) 30 मई, 1826 (ब) 30 मई, 1829
(स) 1 मई, 1826 (द) 1 मई, 1829

48. 'कलम का सिपाही' किस साहित्यकार को कहा गया है?
(अ) प्रेमचंद (ब) रामचंद्र शुक्ल
(स) अमृतलाल नागर (द) रामविलास शर्मा

49. प्रथम विश्व हिंदी सम्मेलन कहाँ आयोजित किया गया?
(अ) नागपुर (ब) हैदराबाद
(स) मुंबई (द) मद्रास

उत्तर के लिए कृपया पृष्ठ सं. 145 व 146 देखें।

2

राजनीति

50. नॉर्थ एटलांटिक ट्रीटी ऑर्गेनाइजेशन (नाटो) कुछ राष्ट्रों का सैन्य गुट है। निम्नलिखित में से कौन सा देश इसका सदस्य नहीं है?

(अ) आइसलैंड (ब) बेल्जियम

(स) पुर्तगाल (द) स्पेन

51. सांस्कृतिक क्रांति के दौरान माओ द्वारा बताई गई शत्रुओं की नौ श्रेणियों में नौवीं श्रेणी सबसे ज्यादा खतरनाक थी। इस श्रेणी में कौन से लोग आते हैं?

(अ) साहूकार (ब) उद्योगपति

(स) मजदूर (द) बुद्धिजीवी

52. ब्रिटेन में भारत का पहला उच्चायुक्त कौन था?

(अ) वी.के.आर.वी. राव (ब) सी.डी. देशमुख

(स) सर सरोस जहाँगीर कॉवासजी (द) वी.के. कृष्णमेनन

53. गुटनिरपेक्ष आंदोलन में कौन से देश संस्थापक सदस्य माने जाते हैं?

(अ) भारत, श्रीलंका, जापान (ब) भारत, बँगलादेश, मिस्त्र

(स) भारत, यूगोस्लाविया, मिस्त्र (द) भारत, जापान, स्विट्जरलैंड

54. सन् 1885 में इंडियन नेशनल कांग्रेस को स्थापित करने की दिशा में किसने पहल की?

(अ) डेविड ऑक्टेवियन (ब) डब्ल्यू.सी. बनर्जी

(स) सुरेंद्रनाथ बनर्जी (द) एनी बेसेंट

55. भारत में फॉरवर्ड ब्लॉक के संस्थापक कौन थे?

(अ) अशोक मेहता (ब) अरुणा आसफ अली

उत्तर के लिए कृपया पृष्ठ सं. 146 देखें।

(स) जे.बी. कृपलानी (द) सुभाषचंद्र बोस

56. योजना आयोग राष्ट्र की पंचवर्षीय योजना तैयार करता है। लेकिन योजना बनाने से पूर्व किसका अनुमोदन लेना आवश्यक है?
(अ) संसद् की विशेष उप-समिति से सलाह करके प्रधानमंत्री का अनुमोदन
(ब) संसद्
(स) मंत्रिपरिषद्
(द) राष्ट्रीय विकास परिषद्

57. भारत में पहली बार निषेध किसने लागू किया?
(अ) मोरारजी देसाई (ब) सी. राजगोपालाचार्य
(स) लाल बहादुर शास्त्री (द) गुलजारीलाल नंदा

58. भारत की कम्युनिस्ट पार्टी की स्थापना कब हुई थी?
(अ) सन् 1921 (ब) सन् 1923
(स) सन् 1925 (द) सन् 1927

59. पाकिस्तान अधिकृत कश्मीर की राजधानी कौन सी है?
(अ) गिलगित (ब) एबटाबाद
(स) मुजफ्फराबाद (द) सोपर

60. चीन में सांस्कृतिक क्रांति का अभ्युदय कब हुआ?
(अ) सन् 1956 (ब) सन् 1966
(स) सन् 1961 (द) सन् 1971

61. नई दिल्ली के विज्ञान भवन में पहली बार कौन सी अंतरराष्ट्रीय राजनीतिक बैठक संपन्न हुई थी?
(अ) 'यूनेस्को' कॉन्फ्रेंस
(ब) गुटनिरपेक्ष देशों के अध्यक्षों की कॉन्फ्रेंस
(स) अंतरराष्ट्रीय मुद्रा कोष की बैठक
(द) परमाणु निरस्त्रीकरण विषयक प्रख्यात वैज्ञानिकों की बैठक

62. संयुक्त राष्ट्र संघ में अमेरिका, ब्रिटेन, फ्रांस तथा रूस के अलावा अन्य किस देश को 'वीटो' का अधिकार प्राप्त है?
(अ) जापान (ब) चीन
(स) स्विट्जरलैंड (द) भारत

63. भारत के संविधान की आठवीं अनुसूची में कितनी भाषाओं को राजभाषा

उत्तर के लिए कृपया पृष्ठ सं. 146 देखें।

का दर्जा दिया गया है?

(अ) 15 (ब) 16

(स) 17 (द) 18

64. निम्नलिखित में से कौन सा देश संयुक्त राष्ट्र संघ का सदस्य नहीं है?

(अ) वियतनाम (ब) तुर्की

(स) हैती (द) स्विट्जरलैंड

65. महिलाओं को मताधिकार सबसे पहले किस देश में दिया गया?

(अ) अमेरिका (ब) ब्रिटेन

(स) भारत (द) फ्रांस

66. लोकसभा में कुल पाँच सौ पैंतालीस सीटें हैं। सन् 2000 तक इतनी ही रहेंगी। संविधान के किस संशोधन के तहत यह संख्या निर्धारित की गई है?

(अ) अड़तीसवें (ब) बयालीसवें

(स) चौवालीसवें (द) छियालीसवें

67. फ्रांसीसी राष्ट्रपति का कार्यकाल कितने वर्ष का होता है?

(अ) चार वर्ष (ब) पाँच वर्ष

(स) छः वर्ष (द) सात वर्ष

68. अपने पंद्रह वर्षों के शासनकाल में इंदिरा गांधी के नेतृत्व वाली सरकार ने संविधान में कुल कितने संशोधन किए?

(अ) 30 (ब) 32

(स) 36 (द) 39

69. संयुक्त राष्ट्र संघ की महासभा का पहला अध्यक्ष कौन था?

(अ) त्रिग्वे ली (ब) विजयलक्ष्मी पंडित

(स) यू थांट (द) कृष्णमेनन

70. राजदूत और उच्चायुक्त—दोनों ही किसी देश के प्रतिनिधि होते हैं। कुछ देशों में उच्चायुक्त की नियुक्ति क्यों होती है?

(अ) यह प्रतिनिधित्व की महत्ता पर निर्भर करता है

(ब) उच्चायुक्त तीसरी दुनिया के देशों से आते हैं

(स) गुटनिरपेक्ष देश उच्चायुक्त भेजते हैं

(द) केवल कॉमनवेल्थ के सदस्य देश परस्पर उच्चायुक्त भेजते हैं

उत्तर के लिए कृपया पृष्ठ सं. 146 देखें।

71. किस राष्ट्र के झंडे पर दो एके-47 राइफल्स आक्रमण की मुद्रा में दरशाई गई हैं ?

(अ) फिलिस्तीन (ब) क्यूबा

(स) कंबोडिया (द) मोजांबिक

72. भारतीय संविधान का निर्माता किसे माना जाता है ?

(अ) मौलाना आजाद (ब) बी.आर. आंबेडकर

(स) वल्लभ भाई पटेल (द) जवाहर लाल नेहरू

73. किसी छोटे से देश का नाम डच राजकुमार के नाम पर रखा गया था, लेकिन अधिकतर लोग मानते हैं कि डोडो पक्षी के नाम से ही इस देश को जाना जाता है। उस देश का नाम बताएँ।

(अ) मॉरीशस (ब) ऑस्ट्रेलिया

(स) थाईलैंड (द) बैंकाक

74. 'अग्ली र्‌यूमर्स' नामक रॉक बैंड में कौन से प्रसिद्ध नेता/नेत्री पहले सदस्य रह चुके/चुकी हैं ?

(अ) बिल क्लिंटन (ब) नेल्सन मंडेला

(स) मार्ग्रेट थैचर (द) टॉनी ब्लेयर

75. भारत के किस नेता को 17 मई, 1991 को पाकिस्तान के 'निशान-ए-इम्तियाज' से नवाजा गया ?

(अ) संजय गांधी (ब) जवाहर लाल नेहरू

(स) मोरारजी देसाई (द) सरदार पटेल

76. अपने अब तक के जीवन काल में ब्रिटेन के ग्यारह प्रधानमंत्रियों को सत्तासीन देखने वाली महारानी एलिज़ाबेथ के काल के प्रथम प्रधानमंत्री कौन थे ?

(अ) विंस्टन चर्चिल (ब) मार्ग्रेट थैचर

(स) जॉन मेजर (द) नेविली चेंबरलैम

77. संयुक्त राष्ट्र में एकमात्र एशियाई सचिव कौन रहे हैं ?

(अ) यू थांट (ब) कोफी अन्नान

(स) ली पेंग (द) इनमें से कोई भी नहीं

78. सुरक्षा परिषद् में पाँच स्थायी सदस्य हैं। चीन, रूस, ब्रिटेन तथा संयुक्त राज्य अमेरिका के अलावे पाँचवें देश (सदस्य) का नाम बताएँ।

उत्तर के लिए कृपया पृष्ठ सं. 146 देखें।

(अ) जर्मनी (ब) ऑस्ट्रेलिया
(स) न्यूजीलैंड (द) फ्रांस

79. वर्तमान में भारत में सबसे कम आयु का मुख्यमंत्री कौन है ?
(अ) बिलासराव देशमुख (ब) चंद्रबाबू नायडू
(स) ओमप्रकाश चौटाला (द) नारायण दत्त तिवारी

80. भारत में अब तक किस मुख्यमंत्री का कार्यकाल सबसे लंबा रहा है ?
(अ) ज्योति बसु (ब) एन.टी. रामाराव
(स) एम.जी. रामचंद्रन (द) चौ. देवीलाल

81. भारत की ऐसी महिला मुख्यमंत्री का नाम बताएँ जो उपन्यासकार भी रही हैं।
(अ) जयललिता (ब) नंदिनी सत्पथी
(स) सुषमा स्वराज (द) मायावती

82. स्वतंत्रता संग्राम के दौरान गाया जानेवाला राष्ट्रगीत 'वंदे मातरम्' किसने लिखा ?
(अ) रवींद्रनाथ टैगोर (ब) सरोजनी नायडु
(स) बंकिमचंद्र चटर्जी (द) बाल गंगाधर तिलक

83. कौन सी भारतीय राजनीतिक पार्टी का नाम 'गिनीस बुक' में इस कारण रिकॉर्ड हुआ है कि गठन के तुरत बाद सबसे कम समय में यह पार्टी सत्ता में आ गई थी ?
(अ) भारतीय जनता पार्टी (ब) तेलुगु देशम पार्टी
(स) कांग्रेस (द) भारतीय राष्ट्रीय लोकदल

84. स्वतंत्रता-प्राप्ति के समय से ही जम्मू और कश्मीर की विधानसभा में कितनी सीटें खाली हैं ?
(अ) आठ (ब) बयालीस
(स) चौबीस (द) एक भी नहीं

85. स्वतंत्र भारत का पहला बजट किस वित्तमंत्री ने पेश किया ?
(अ) प्रणव मुखर्जी (ब) सी. सुब्रह्मण्यम
(स) आर.के. षण्मुधम् शेट्टी (द) मनमोहन सिंह

86. भारत के किस प्रधानमंत्री का जन्म 25 दिसंबर को हुआ है ?
(अ) अटल बिहारी वाजपेयी (ब) पी.वी. नरसिम्हा राव

उत्तर के लिए कृपया पृष्ठ सं. 146 देखें।

(स) इंदिरा गांधी (द) इंद्र कुमार गुजराल

87. ऐसा कौन बुजुर्ग नेता था जो 81 वर्ष की आयु में भारत का प्रधानमंत्री बना?

(अ) चौ. चरण सिंह (ब) अटल बिहारी वाजपेयी

(स) लालबहादुर शास्त्री (द) मोरारजी देसाई

88. पहली बार किस अमेरिकी राष्ट्रपति की हत्या की गई थी?

(अ) जेम्स गैरफील्ड (ब) अब्राहम लिंकन

(स) जॉन एफ. कैनेडी (द) जॉन एडम्स

89. किस राजनीतिज्ञ ने 'दि डिस्कवरी ऑफ इंडिया' (भारत : एक खोज) नामक पुस्तक लिखी?

(अ) महात्मा गांधी (ब) जवाहर लाल नेहरू

(स) राजीव गांधी (द) मोरारजी देसाई

90. भारत का प्रधानमंत्री बनने के लिए कम-से-कम आयु कितनी होनी चाहिए?

(अ) 35 वर्ष (ब) 25 वर्ष

(स) 40 वर्ष (द) 30 वर्ष

91. भारत के राष्ट्रपति पद के लिए श्री के.आर. नारायणन के प्रतिद्वंद्वी कौन थे?

(अ) एम.एस. गिल (ब) जी.जी. स्वेल

(स) टी.एन. शेषन (द) रूसी मोदी

92. संसद् की सदस्यता के बिना उसकी कार्यवाही में कौन भाग ले सकता है?

(अ) सर्वोच्च न्यायालय का मुख्य न्यायाधीश

(ब) मुख्य चुनाव आयुक्त

(स) महान्यायवादी (द) योजना आयोग का उपाध्यक्ष

93. मूल अधिकारों का हनन होने पर किसी व्यक्ति को किस अनुच्छेद के तहत सीधे सर्वोच्च न्यायालय में जाने का अधिकार प्राप्त है?

(अ) अनुच्छेद 44 (ब) अनुच्छेद 368

(स) अनुच्छेद 22 (द) अनुच्छेद 32

94. राज्यसभा के कितने सदस्य सार्वजनिक लेखा समिति में होते हैं?

(अ) छह (ब) सात

(स) आठ (द) नौ

उत्तर के लिए कृपया पृष्ठ सं. 146 देखें।

95. जम्मू और कश्मीर का सबसे बड़ा राजनीतिक पद 'सदर-ए-रियासत' था; इसे कब बदलकर 'राज्यपाल' कर दिया गया?

(अ) सन् 1958 (ब) सन् 1965

(स) सन् 1967 (द) सन् 1971

96. संविधान के किस अनुच्छेद के तहत चुनाव आयोग का गठन किया गया?

(अ) अनुच्छेद 305 (ब) अनुच्छेद 312

(स) अनुच्छेद 321 (द) अनुच्छेद 324

97. भारत के संविधान को बनाने में कुल कितना समय लगा था?

(अ) 3 वर्ष 11 माह 28 दिन (ब) 2 वर्ष 7 माह 11 दिन

(स) 4 वर्ष 6 माह 11 दिन (द) 2 वर्ष 11 माह 18 दिन

98. 'डोमिनो' सिद्धांत के अनुसार यदि कोई देश साम्यवादी (कम्यूनिस्ट) हो जाता है तो उस क्षेत्र में अन्य देश भी उसका अनुकरण करने लगते हैं। समकालीन राजनीतिक घटनाक्रम का वर्णन करने के लिए सबसे पहले किसने इस सिद्धांत को लागू किया था?

(अ) राष्ट्रपति आजनहॉवर (ब) राष्ट्रपति कैनेडी

(स) हेनरी किसिंजर (द) रॉबर्ट मैक नामरा

99. क्रांति से पहले रूस में दो समाजवादी विचारधाराएँ थीं— बोल्शेविक और मैनशेविक। 'बोल्शेविक' के नेता तो लेनिन थे; 'मैनशेविक' के नेता कौन थे?

(अ) केरेंस्की (ब) प्लेखानोव

(स) त्रात्स्की (द) बुकहेरिन

100. 'क्रांति कोई रात्रिभोज नहीं है।' यह किसने कहा है?

(अ) लेनिन (ब) मार्क्स

(स) माओ (द) हो ची मिन्ह

101. किस वर्ष अमेरिका अधिकृत वियतनाम युद्ध लड़ा गया?

(अ) 1961-68 (ब) 1963-70

(स) 1965-73 (द) 1968-75

102. स्वतंत्रता-प्राप्ति के बाद के प्रथम लोकसभा अध्यक्ष कौन थे?

(अ) अनंत शयनम आयंगर (ब) डॉ. सच्चिदानंद सिन्हा

(स) हुकुम सिंह (द) गणेश वासुदेव मावलंकर

उत्तर के लिए कृपया पृष्ठ सं. 146 देखें।

103. उपराष्ट्रपति का कार्यकाल पूरा करके राष्ट्रपति बननेवाले प्रथम व्यक्ति कौन थे?

(अ) डॉ. सर्वपल्ली राधाकृष्णन (ब) डॉ. जाकिर हुसैन

(स) डॉ. राजेंद्र प्रसाद (द) वी.वी. गिरि

104. स्वतंत्र भारत के प्रथम गृहमंत्री कौन थे?

(अ) मौलाना अबुल कलाम आजाद (ब) सरदार बलदेव सिंह

(स) सरदार वल्लभभाई पटेल (द) रफी अहमद किदवई

105. किस लोकसभा में पहली बार सबसे अधिक (19) संविधान संशोधन किए गए?

(अ) पाँचवीं (ब) छठी

(स) सातवीं (द) दसवीं

106. देश में सबसे पहले किस राज्य में 93 लोगों को मंत्री बनाया गया?

(अ) उत्तर प्रदेश (ब) बिहार

(स) मध्य प्रदेश (द) महाराष्ट्र

107. हमारे देश के नागरिक अपनी सरकार का निर्वाचन संविधान के किस अनुच्छेद द्वारा प्रदत्त मौलिक अधिकार के प्रभाव से करते हैं?

(अ) 19(1)(ए) (ब) 20(1)(ए)

(स) 21(1)(ए) (द) 22(1)(ए)

108. निर्वाचन आयोग का मुख्यालय कहाँ स्थित है?

(अ) नई दिल्ली (ब) मुंबई

(स) चंडीगढ़ (द) कोलकाता

109. केंद्रीय मंत्रिमंडल की अनुशंसा पर निर्वाचन आयुक्त तथा मुख्य निर्वाचन आयुक्त की नियुक्ति कौन करता है?

(अ) राष्ट्रपति (ब) प्रधानमंत्री

(स) मुख्य न्यायाधीश (द) लोकसभा अध्यक्ष

110. पचास वर्षों में कांग्रेस के बाहरी सहयोग से कितने लोग प्रधानमंत्री बने?

(अ) 1 (ब) 2

(स) 3 (द) 4

111. स्वतंत्रता-प्राप्ति के बाद केंद्रीय मंत्रिमंडल से त्याग-पत्र देनेवाले प्रथम व्यक्ति कौन थे?

उत्तर के लिए कृपया पृष्ठ सं. 146 देखें।

(अ) डॉ. राजेंद्र प्रसाद (ब) श्यामा प्रसाद मुखर्जी
(स) कन्हैयालाल माणिकलाल मुंशी (द) जॉन मथाई

112. प्रारंभिक वर्षों में कितनी प्रतिशत जनता को मतदानाधिकार मिल पाया था ?
(अ) 5 (ब) 6
(स) 3 (द) 8

113. राजनीतिक दलों को चुनाव-चिह्न कब तक के लिए मिलते हैं ?
(अ) चुनाव प्रचार तक (ब) चुनाव होने तक
(स) चुनाव परिणाम आने तक (द) टूट या विवाद के होने तक

उत्तर के लिए कृपया पृष्ठ सं. 146 देखें।

3

इतिहास

114. पंजाब में प्रवाहित होनेवाली नदी झेलम का प्राचीन नाम क्या था ?
(अ) बिपाशा (ब) इरावती
(स) वितस्ता (द) शतद्रु

115. भारत की अनेक बड़ी नदियों का किसी-न-किसी पड़ोसी देश में उद्गम स्थल है या ये किसी अन्य देश में जाकर समाप्त हो जाती हैं। कौन सी नदी पूर्णत: इस देश की है ?
(अ) यमुना (ब) ब्रह्मपुत्र
(स) कृष्णा (द) गोदावरी

116. बर्लिन की प्रसिद्ध दीवार का निर्माण किस वर्ष के दौरान किया गया था ?
(अ) सन् 1951 (ब) सन् 1956
(स) सन् 1957 (द) सन् 1961

117. भारत में रासायनिक उद्योग का संस्थापक किसे माना जाता है ?
(अ) धरणगढ़ के महाराजा (ब) लॉर्ड रिपन
(स) पी.सी. राय (द) ए. लतीफ

118. भारत में हड़प्पा सभ्यता किस समय में फूली-फली थी ?
(अ) 2500-1500 ई.पू. (ब) 2000-1200 ई.पू.
(स) 1500-500 ई.पू. (द) 2000-500 ई.पू.

119. नेपोलियन बोनापार्ट की पहली पत्नी का नाम क्या था ?
(अ) जोसेफिन (ब) मारिया थेरेसा
(स) मेरी लुईस (द) यूजिन

उत्तर के लिए कृपया पृष्ठ सं. 146 व 147 देखें।

120. 7 मार्च, 1835 को गवर्नर जनरल के कौन्सिल के विधि सदस्य द्वारा तैयार कार्यवृत्त के आधार पर कौन्सिल ने यह फैसला लिया कि अब से सभी सरकारी निधियाँ अंग्रेजी शिक्षा पर खर्च की जाएँगी। किस व्यक्ति ने यह कार्यवृत्त तैयार किया था ?

(अ) विलियम एडम (ब) सर चार्ल्स वुड

(स) टी.बी. मैक्यावली (द) लॉर्ड हार्डिंग प्रथम

121. सन् 1975 में सिक्किम भारत संघ का कौन सा राज्य बना ?

(अ) बीसवाँ (ब) इक्कीसवाँ

(स) बाईसवाँ (द) तेईसवाँ

122. तेरहवीं शताब्दी में यूरोप का सबसे समृद्ध शहर 'कांस्टेंटाइनपल' वास्तुकला, साहित्य और कलात्मक निधि के लिए प्रख्यात था। इस शहर का पतन कब हुआ ?

(अ) सन् 1256 ई. (ब) सन् 1261 ई.

(स) सन् 1453 ई. (द) सन् 1496 ई.

123. सन् 1868 में जापान में मिजी पुनरुत्थान (Restoration) के दौरान सैन्य तानाशाह तोकुगावा शोमुनाते का तख्ता पलटा गया था। इस घटना का सर्वाधिक महत्त्वपूर्ण परिणाम क्या निकला ?

(अ) संवैधानिक राजतंत्र की स्थापना

(ब) सामंतशाही का पतन

(स) पहली बार विदेशियों को निकालने के लिए पश्चिम जगत् के हथियार इस्तेमाल किए गए

(द) सेना आधुनिक रूप से सुसज्जित की गई

124. द्वितीय विश्वयुद्ध के दौरान जनरल रॉमेल के नेतृत्व में अफ्रीकी कोर ने जब ब्रिटिश सेना को खदेड़ा था, तब ब्रिटिश सेना द्वारा जर्मन सेना को तबाह करने के लिए किए गए जवाबी हमले में ब्रिटिश हमले का नेतृत्व किसने किया था ?

(अ) जनरल मांटगुमरी (ब) जनरल वावेल

(स) जनरल एलेक्जेंडर (द) फील्ड मार्शल आकिनलेक

125. हिंदू विधवा पुनर्विवाह अधिनियम-1856 किनके अथक प्रयासों के पश्चात् पारित हुआ ?

उत्तर के लिए कृपया पृष्ठ सं. 147 देखें।

(अ) राजा राममोहन राय (ब) न्यायमूर्ति महादेव गोविंद रानाडे
(स) गोपाल कृष्ण गोखले (द) ईश्वरचंद्र विद्यासागर

126. सन् 1602 में अमेरिका के पूर्वी तट पर 102 इंग्लिश प्यूरिटन का दल पहुँचा था। ये प्यूरिटन किस जहाज से आए थे?
(अ) द वॉयजर (ब) वेस्टवार्ड हो
(स) मेफ्लॉवर (द) डिस्कवरर

127. ब्रह्म समाज के रूप में ज्ञात सुधारवादी हिंदू संप्रदाय मूलतः ब्रह्मसभा के रूप में जाना जाता था। सन् 1828 में इसकी स्थापना किसने की थी?
(अ) देवेंद्रनाथ टैगोर (ब) केशवचंद्र सेन
(स) राजा राममोहन राय (द) अक्षय कुमार दत्त

128. इंग्लैंड के किस राजा या रानी ने सबसे लंबी अवधि तक शासन किया?
(अ) रानी एलिजाबेथ (ब) जॉर्ज तृतीय
(स) रानी विक्टोरिया (द) रानी एलिजाबेथ द्वितीय

129. पश्चिम एशिया में प्राचीनकालीन 'सभ्यता का मूल' मेसोपोटामिया अब कहाँ स्थित है?
(अ) इराक (ब) ईरान
(स) सीरिया (द) मिस्र

130. 'ठीक है, उसके बारे में अद्‌भुत क्या था? उसने चार सौ साठ विद्वानों को फाँसी पर चढ़ा दिया। हमने उसके छियालीस हजार आदमियों को मार डाला। आप सोचते हैं कि हमें उस जैसा बताकर आप हमारा अपमान कर रहे हैं। लेकिन आप गलत हैं। हम तो उससे हजार गुना आगे निकल चुके हैं।' निश्चय ही यह विद्रोही तथा सांस्कृतिक क्रांति का नेता 'माओ' है; परंतु 'उसने' शब्द किसके लिए लिखा गया है? उस व्यक्ति ने उन चार सौ साठ विद्वानों को जिंदा गाड़ दिया था, जिन्होंने उसकी आलोचना की थी।
(अ) कुबलई खान (ब) किन-शि ह्वेन्दी
(स) च्यांग-काई-शेक (द) ज्हू-मा-हुन

131. सम्राट् हेनरी अष्टम की कौन सी पत्नी बाद में उनकी उत्तराधिकारिणी बनी?
(अ) कैथेरीन हावर्ड (ब) कैथरीन पर्र

उत्तर के लिए कृपया पृष्ठ सं. 147 देखें।

(स) एनी बॉलिन (द) जेन सेमॅर

132. कौन सी ऐतिहासिक घटना मैराथन दौड़ से शुरू हुई है ?

(अ) सम्राट् साइरस ने बेवीलोन पर कब्जा किया था

(ब) एथेंस पर फारस का आक्रमण, जब यूनानियों को विजय मिली थी

(स) मैराथन में हनीबल ने रोमन सेना को हराया

(द) एलेक्जेंडर ने फारस को हराया

133. 'वाटरगेट स्कैंडल' क्या था, जिसके कारण अमेरिकी राष्ट्रपति निक्सन को त्यागपत्र देना पड़ा ?

(अ) राष्ट्रपति ने वाटरगेट नामक स्थान पर घूस ली थी

(ब) पानी की आपूर्ति की परियोजना का ठेका ऐसी कंपनी को दिया गया जिसमें राष्ट्रपति की पत्नी का बहुत बड़ा शेयर था

(स) वाटरगेट के रूप में ज्ञात डेमोक्रेटिक पार्टी मुख्यालय में चोरी

(द) लुसिल वाटरगेट नामक स्त्री से राष्ट्रपति के गुप्त संबंध

134. राजकुमारी दमयंती के स्वयंवर में चार देवता भी नल का भेष बनाकर आए थे। निम्नलिखित में से कौन सा अंतर चारों को नल से अलग कर देता था ?

(अ) छली नल के शरीर से पसीना नहीं आ रहा था'

(ब) इन चारों की पुतलियाँ नहीं घूम रही थीं

(स) इन चारों के सिर के पीछे आभामंडल बना हुआ था

(द) ये चारों थोड़ा चिंतित दिखाई दे रहे थे

135. हिटलर के साम्राज्य में बार-बार घटित 'पुश' (Putsch) क्या है ?

(अ) किसी देश पर द्रुत गति से विजय प्राप्त करना

(ब) सरकार को बलपूर्वक हटाना

(स) पार्टी में घुसपैठ से दूसरे देश पर कब्जा

(द) विजय प्राप्त करना

136. अमेरिकी गृहयुद्ध निम्न में से किस अवधि तक चलता रहा था ?

(अ) 1848 और 1857 (ब) 1851 और 1856

(स) 1871 और 1875 (द) 1861 और 1865

137. नाजी नेताओं में सबसे ज्यादा क्रूर और भयंकर हैनरिक हैमलर था, जिसने लाखों यहूदियों को गैस चैंबर में बंद कर मार डाला था, उसका अंत कैसे हुआ ?

उत्तर के लिए कृपया पृष्ठ सं. 147 देखें।

(अ) उम्रकैद के दौरान वह जेल में ही मर गया
(ब) फरार हो गया, फिर कभी उसका पता नहीं चला
(स) न्यूरेमबर्ग में उसे फाँसी दी गई
(द) उसने आत्महत्या कर ली

138. किस रोमन सम्राट् ने, जिसे क्रिश्चियन साम्राज्य का संस्थापक माना जाता है, पहली बार ईसाई मत अपनाया?

(अ) ऑगस्टस (ब) कांस्टेंटाइन प्रथम
(स) कांस्टेंटाइन चतुर्थ (द) मैक्सीमिलियन प्रथम

139. दूसरे विश्वयुद्ध में उतरी अमेरिका की लड़ाई में फील्ड मार्शल रॉमेल के साथ अंततः क्या हुआ?

(अ) अल अलमेन के मैदान में मारा गया
(ब) ब्रिटिश सेना द्वारा पकड़ा गया। उन्होंने युद्ध के दौरान उसे बंदी बनाए रखा तथा बाद में रिहा कर दिया
(स) क्यूरेमबर्ग में युद्ध अपराधों के ट्रायल में उस पर मुकदमा चलाया गया और वह अपराधी पाया गया
(द) उस पर हिटलर की हत्या का षड्यंत्र रचने का आरोप लगाया गया तथा उसे जहर पीने के लिए विवश किया गया

140. भगवान् बुद्ध के शिष्यों को जीवनपर्यंत सताते रहनेवाले व्यक्ति का नाम क्या था?

(अ) देवदत्त (ब) अजातशत्रु
(स) राजा प्रसेनजित् (द) चंदप्रद्योत

141. 'क्विजलिंग' ऐसे देशद्रोही को कहा जाता है जो आक्रमणकारी देश की सेनाओं के हाथों अपने देश को बेच देता है। वस्तुतः 'क्विजलिंग' नामक व्यक्ति फासीवादी था, जिसने अपने देश के विरुद्ध जर्मनी की सहायता की थी। यह देशद्रोही किस देश का वासी था?

(अ) फ्रांस (ब) डेनमार्क
(स) नॉर्वे (द) ऑस्ट्रिया

142. अमेरिका का सर्वाधिक महत्त्वपूर्ण दस्तावेज स्वतंत्रता संबंधी घोषणापत्र आद्योपांत किस व्यक्ति ने लिखा था?

(अ) जॉर्ज वाशिंगटन (ब) एलेक्जेंडर हैमिल्टन

उत्तर के लिए कृपया पृष्ठ सं. 147 देखें।

(स) आरॉन बर (द) थॉमस जेफरसन

143. निम्नलिखित में से किस ब्रूटस ने जूलियस सीजर की हत्या की थी?

(अ) ल्यूशियस जूनियस ब्रूटस (ब) मार्क्स जूनियस ब्रूटस

(स) कैस लांजिनस ब्रूटस (द) डेसिमस जूनियस ब्रूटस

144. यूरोप में कागज निर्माण के पंद्रह सौ वर्ष पूर्व से किस देश में कागज बनाया जाता था?

(अ) मिस्र (ब) मेक्सिको

(स) भारत (द) चीन

145. कुरुक्षेत्र के युद्ध के पश्चात् पांडवों और कौरवों को मिलाकर बचे केवल दस लोगों में प्रत्येक की संख्या कितनी-कितनी थी?

(अ) सात पांडव और तीन कौरव (ब) आठ पांडव और दो कौरव

(स) नौ पांडव और एक कौरव (द) कोई भी कौरव शेष नहीं बचा

146. पहला रोमन सम्राट् कौन था?

(अ) टिबेरिअस (ब) पॉम्पी

(स) जूलियस सीजर (द) ऑगस्टस

147. जब जीसस को क्रूस पर चढ़ाया गया था, उस समय फिलिपींस का शासक कौन था?

(अ) एंटीपेटर (ब) हेरोड दि ग्रेट

(स) हेरोड एंटीपास (द) कैलिगुला

148. द्रौपदी जिस पंचाल प्रदेश की थी, वह अब कहाँ स्थित है?

(अ) उत्तर प्रदेश (ब) बिहार

(स) हिमाचल प्रदेश (द) पंजाब

149. सिकंदर को अपने विजय अभियान के दौरान भारत से होते हुए किस स्थान तक पहुँचकर वापस लौटना पड़ा था?

(अ) सिंधु (ब) रावी

(स) व्यास (द) झेलम

150. किस ब्रिटिश सम्राट् को मात्र दस वर्ष की आयु में सिंहासन पर बिठाया गया?

(अ) एडवर्ड षष्ठम (ब) आथीलैड

(स) एडवर्ड चतुर्थ (द) विलियम चतुर्थ

उत्तर के लिए कृपया पृष्ठ सं. 147 देखें।

151. इनमें से कौन सा सम्राट् पोलो खेल का संरक्षक तथा कुशल खिलाड़ी था ?

(अ) बाबर | (ब) शेरशाह
(स) हुमायूँ | (द) अकबर

152. सैनिक विद्रोह के बाद भारत के आखिरी मुगल बादशाह बहादुरशाह जफर के साथ क्या घटित हुआ ?

(अ) कैप्टेन हडसन ने उसे गोली मार दी थी
(ब) उसे बंदी बनाकर उम्र भर लालकिला में रखा गया
(स) उसे अंडमान में निर्वासित जीवन बिताना पड़ा
(द) उसे म्याँमार (बर्मा) में देशनिकाला दे दिया था

153. उन्नीसवीं शती के अंत में चीन द्वारा हांगकांग का मुख्य भूभाग 'न्यू टेरीटरी' निन्यानबे वर्ष के लिए ब्रिटेन को दिए गए पट्टे की अवधि कब समाप्त हुई ?

(अ) सन् 1995 | (ब) सन् 1996
(स) सन् 1997 | (द) सन् 1998

154. ब्रिटिश भारत का एक अंग म्याँमार (बर्मा) किस वर्ष भारत से अलग हुआ ?

(अ) सन् 1935 | (ब) सन् 1937
(स) सन् 1945 | (द) सन् 1947

155. विदेशी ताकतों ने पोलैंड को कितनी बार बाँटा तथा परस्पर बाँटकर विश्व के मानचित्र से इस देश का नाम ही मिटा दिया ?

(अ) एक बार | (ब) दो बार
(स) तीन बार | (द) चार बार

156. सिकंदर से लेकर मुहम्मद गोरी तक सभी विदेशी हमलावर भारत में नहीं बसे। उस पहले हमलावर का नाम बताएँ, जो दिल्ली में ही बस गया और उसने भारत में अपना साम्राज्य स्थापित किया।

(अ) बख्तियार खिलजी | (ब) गयासुद्दीन
(स) कुतुबुद्दीन ऐबक | (द) सुलतान महमूद

157. महमूद गजनवी भारत को लूटने के लिए बार-बार हमले करता रहा। उसने भारत पर कुल कितनी बार आक्रमण किए ?

(अ) सात | (ब) ग्यारह

उत्तर के लिए कृपया पृष्ठ सं. 147 देखें।

(स) सत्रह (द) इक्कीस

158. लॉर्ड विलियम बेंटिक ने विनियम XVII सती-प्रथा को गैरकानूनी घोषित करने के लिए कब पारित किया था?

(अ) 4 जनवरी, 1818 (ब) 4 दिसंबर, 1829

(स) 4 जुलाई, 1837 (द) 4 अप्रैल, 1853

159. कौन सा विदेशी हमलावर तख्ते ताउस और कोहिनूर हीरा फारस ले गया?

(अ) मुहम्मद शाह (ब) नादिरशाह

(स) अहमद शाह अब्दाली (द) मीर कासिम

160. सिंधु घाटी सभ्यता के मोहन-जोदड़ो तथा हड़प्पा शहर आज किस देश में स्थित हैं?

(अ) पाकिस्तान (ब) अफगानिस्तान

(स) ईरान (द) संयुक्त अरब अमीरात

161. दिसंबर 1999 में भारतीय एयरबस का अपहरण किस हवाई अड्डे से हुआ था?

(अ) त्रिभुवन हवाई अड्डा

(ब) इंदिरा गांधी अंतरराष्ट्रीय हवाई अड्डा

(स) राजासाँसी हवाई अड्डा

(द) सहारा हवाई अड्डा

162. भारत के उच्चतम न्यायालय में नियुक्त पहली महिला जज कौन हैं?

(अ) मीरा साहिब फातिमा बीवी (ब) अनिता सूद

(स) शीला दीक्षित (द) रेखा शर्मा

163. किस मुगल शासक ने दिल्ली का लाल किला बनवाया था?

(अ) अकबर (ब) शाहजहाँ

(स) औरंगजेब (द) जहाँगीर

164. पाश्चात्य काव्यशास्त्र में नाटक के कितने तत्त्व माने गए हैं?

(अ) बारह (ब) चार

(स) छह (द) तीन

165. विश्व में सोने की बनी सबसे बड़ी वस्तु कौन सी है?

(अ) तख्ते ताउस (ब) उत्सव मूर्ति

(स) स्वर्ण मंदिर का गुंबद (द) तूतनखेमन का कफन

उत्तर के लिए कृपया पृष्ठ सं. 147 देखें।

166. किस राष्ट्रीय नेता का चित्र सबसे पहले डाक टिकट पर छपा ?

(अ) महात्मा गांधी (ब) जवाहर लाल नेहरू

(स) इंदिरा गांधी (द) लालबहादुर शास्त्री

167. 'सारे जहाँ से अच्छा हिंदोस्ताँ हमारा' गीत किसने लिखा है ?

(अ) इकबाल (ब) प्रदीप

(स) आनंद बख्शी (द) राम प्रसाद बिस्मिल

168. रवींद्रनाथ टैगोर लिखित 'माई इंटरप्रिटेशन ऑफ इंडियन हिस्ट्री' शीर्षक निबंध बाद में किस लोकप्रिय गीत में बदल दिया गया ?

(अ) ऐ मेरे वतन के लोगो (ब) वंदे मातरम्

(स) जन-गण-मन (द) इनमें से कोई नहीं

169. सन् 1577 में किस सिख गुरु ने अमृतसर शहर बसाया था ?

(अ) गुरु अर्जनदेव (ब) गुरु रामदास

(स) गुरु गोविंदसिंह (द) गुरु तेग बहादुर

170. कौन सा काल प्राचीन भारत का 'स्वर्ण युग' कहलाता है ?

(अ) गुप्त काल (ब) मौर्य काल

(स) मुगल काल (द) वर्धन काल

171. कितनी पुरानी वस्तु को प्राचीन दुर्लभ वस्तु माना जा सकता है ?

(अ) 90 वर्ष (ब) 100 वर्ष

(स) 80 वर्ष (द) 60 वर्ष

172. वह कौन व्यक्ति था जिसके नाम पर अमेरिका देश का नाम रखा गया ?

(अ) कोलंबस (ब) मार्कोपोलो

(स) अमेरिगो वेस्पजी (द) वास्को डि गामा

173. वह कौन सा मुगल बादशाह था, जो पढ़-लिख नहीं सकता था ?

(अ) अकबर (ब) जहाँगीर

(स) औरंगजेब (द) शाहजहाँ

174. भारतीय इतिहास में 'मणिकर्णिका' किस नाम से जानी जाती है ?

(अ) रानी चेन्नमा (ब) महारानी लक्ष्मीबाई

(स) मुमताज महल (द) नूरजहाँ

175. विश्व प्रसिद्ध इमारत ताजमहल को बनाने में कितना समय लगा था ?

(अ) 10 वर्ष (ब) 22 वर्ष

उत्तर के लिए कृपया पृष्ठ सं. 147 देखें।

(स) 14 वर्ष (द) 18 वर्ष

176. भारतीय राष्ट्रीय कांग्रेस के प्रथम अध्यक्ष कौन थे ?

(अ) डब्ल्यू.सी. बनर्जी (ब) महात्मा गांधी

(स) जवाहर लाल नेहरू (द) ए.ओ. ह्यूम

177. कोलकत्ता शहर किसने बसाया था ?

(अ) जॉब चार्नाक (ब) जॉन एवरेस्ट

(स) विलियम हेस्टिंग्ज (द) जॉन विंस्टन

178. विश्व का प्राचीनतम राजपरिवार कौन सा है ?

(अ) सऊदी अरब का शाही परिवार

(ब) महारानी एलिजाबेथ का परिवार

(स) जापान का हिरोहितो परिवार

(द) कुबैत का राजपरिवार

उत्तर के लिए कृपया पृष्ठ सं. 147 व 148 देखें।

4

भूगोल

179. कर्क रेखा के पास सूर्य की किरणें सीधी किस माह में पड़ती हैं ?

(अ) मार्च (ब) जून

(स) जुलाई (द) दिसंबर

180. ज्वार-भाटा आने का प्रमुख कारण क्या है ?

(अ) दाब (ब) वायु

(स) तापमान (द) चंद्रमा

181. स्वच्छ जल से परिपूर्ण वह कौन सी झील है, जिसमें शार्क मछलियाँ बड़ी मात्रा में पाई जाती हैं ?

(अ) लेक निग्र (ब) लेक निकारगुआ

(स) लेक सुपीरियर (द) लेक विक्टोरिया

182. रूस के अलावा अन्य किस देश का भौगोलिक क्षेत्र दो महाद्वीपों में फैला हुआ है ?

(अ) यूनान (ब) साइप्रस

(स) टर्की (द) रोमानिया

183. भारत और चीन के बीच की अंतरराष्ट्रीय स्तर पर मान्यताप्राप्त सीमारेखा का नाम क्या है ?

(अ) डुरंड रेखा (ब) मैकमोहन रेखा

(स) 38वीं पैरालेल (द) द पीकिंग डिवाइड

184. विश्व का सुदूर दक्षिणवर्ती शहर कौन सा है ?

(अ) कैनबरा (ब) कोलंबो

उत्तर के लिए कृपया पृष्ठ सं. 148 देखें।

(स) क्वींसलैंड (द) पुंटा अरेनास

185. विश्व का सबसे ऊँचा जलप्रपात कौन सा है?

(अ) न्याग्रा जलप्रपात (ब) एंजेल फाल्स जलप्रपात

(स) विक्टोरिया जलप्रपात (द) यॉस्माइट जलप्रपात

186. ऑस्ट्रेलिया के अतिरिक्त ग्रीनलैंड के बाद कौन सा सबसे बड़ा टापू महाद्वीप है?

(अ) सुमात्रा (ब) सेलेब्स

(स) न्यू घाना (Guinea) (द) होंशु

187. किस देश में ज्वालामुखी से आग तथा गंधक नहीं, बल्कि कीचड़ निकलता है?

(अ) श्रीलंका (ब) ब्रुनेई

(स) न्यूजीलैंड (द) फिलीपींस

188. विश्व में सबसे अधिक घनी आबादीवाला देश कौन सा है?

(अ) चीन (ब) भारत

(स) मोरक्को (द) सिंगापुर

189. भौगोलिक दृष्टि से विश्व का सबसे बड़ा देश कौन सा है?

(अ) चीन (ब) रूस

(स) कनाडा (द) संयुक्त राज्य अमेरिका

190. कौन सा ग्रह सबसे ज्यादा चमकीला है, जिसे हम अपनी आँखों से देख सकते हैं?

(अ) बुध (ब) मंगल

(स) शुक्र (द) बृहस्पति

191. 'कालालित न्यूमात' नाम से ज्ञात विश्व का सबसे बड़ा द्वीप सामान्यत: किस नाम से जाना जाता है?

(अ) न्यूजीलैंड (ब) ग्रीनलैंड

(स) मॉरीशस (द) श्रीलंका

192. भूकंप से निकली ऊर्जा की मात्रा तो रिक्टर पैमाने (स्केल) से मापी जाती है, लेकिन भूकंप की तीव्रता (गहनता) मापने के लिए कौन सा पैमाना इस्तेमाल किया जाता है?

(अ) इंटेंसोमीटर (ब) मर्क्युली स्केल

उत्तर के लिए कृपया पृष्ठ सं. 148 देखें।

(स) डेंसीग्राफ (द) विक्टर स्केल

193. प्रसिद्ध महात्मा गांधी सेतु किस नदी पर बना है?
(अ) गंगा (ब) यमुना
(स) सरस्वती (द) गोदावरी

194. विश्व की बड़ी नदियों में से एक ओब (3,460 मील) किस देश में बहती है?
(अ) नाइजीरिया (ब) रूस
(स) चीन (द) कनाडा

195. 'बंजर भूमि' क्या कहलाती है?
(अ) रेगिस्तान (ब) परती भूमि
(स) ग्रीनलैंड (द) लावारिस भूमि

196. टुंड्रा निवासी 'एस्किमो' के घर को क्या कहा जाता है?
(अ) इग्लू (ब) बर्फ की गुफा
(स) बर्फ का बँगला (द) सुरंग

197. लिखने के लिए कागज का सर्वप्रथम प्रयोग किस देश में किया गया?
(अ) जापान (ब) इंडोनेशिया
(स) कोरिया (द) चीन

198. विश्व का सबसे बड़ा मरुस्थल कौन सा है?
(अ) थार (ब) सहारा
(स) गोबी (द) कालाहारी

199. विश्व का सबसे बड़ा जलडमरूमध्य कौन सा है?
(अ) जिब्राल्टर जलडमरूमध्य (ब) मलक्का जलडमरूमध्य
(स) पॉक जलडमरूमध्य (द) डेनमार्क जलडमरूमध्य

200. किस नदी को 'चीन का शोक' कहा जाता है?
(अ) च्यांग-जियांग (ब) येलो रिवर
(स) यांगत्से (द) अंगारा

201. किस भारतीय राज्य की समुद्र-तटवर्ती रेखा सबसे लंबी है?
(अ) केरल (ब) गुजरात
(स) कर्नाटक (द) उड़ीसा

202. कोरिया और शंघाई के बीच कौन सा समुद्र है?

उत्तर के लिए कृपया पृष्ठ सं. 148 देखें।

(अ) पीला समुद्र (ब) लाल समुद्र
(स) काला समुद्र (द) मृत समुद्र

203. कम दाबवाले मध्य भाग के चारों ओर गोल आकार में वायु का संचरण क्या कहलाता है ?
(अ) तूफान (ब) चक्रवात
(स) पूर्ण ज्वार (द) आँधी

204. गंगा-ब्रह्मपुत्र के मुहाने (डेल्टा) का नाम क्या है ?
(अ) हुगली (ब) सुंदरवन
(स) ताप्ती (द) नर्मदा

205. किस देश में नील नदी का स्रोत पाया जाता है ?
(अ) मिस्र (ब) सूडान
(स) जायरे (द) युगांडा

206. पृथ्वी पर सबसे बड़ा भूखंड कौन सा है ?
(अ) यूरेशिया (ब) अंटार्कटिका
(स) ऑस्ट्रेलिया (द) उत्तरी अमेरिका

207. वैज्ञानिक भाषा में पृथ्वी की ऊपरी परत क्या कहलाती है ?
(अ) क्षोभमंडल (ब) नू-मंडल (नूस्फीयर)
(स) स्थलमंडल (द) क्षीणमंडल

208. आकाश में सबसे ज्यादा प्रकाशमान् तारा कौन सा है ?
(अ) उर्स मेजर (ब) ध्रुव
(स) नीहारिका (नेब्युला) (द) लुब्धक (साइरस) तारा

उत्तर के लिए कृपया पृष्ठ सं. 148 देखें।

5

पर्यावरण

209. 'इकोलॉजी' अर्थात् 'पारिस्थितिकी' शब्द का प्रयोग सन् 1870 में प्रथम बार करनेवाला व्यक्ति कौन था?

(अ) अल्फ्रेड वैलेस (ब) चार्ल्स डार्विन

(स) अर्नेस्ट हैकेल (द) चार्ल्स लाइल

210. जल-प्रदूषण की समस्या पहचाननेवाला पहला व्यक्ति कौन था?

(अ) अरस्तू (ब) प्लिनी

(स) टेल्स (द) हिप्पोक्रेटस

211. 'वन्य जीव अभयारण्य' बनाने का आदेश देनेवाला प्रथम शासक कौन था?

(अ) अकबर (ब) सिकंदर

(स) अशोक (द) चार्ल्स षष्ठम

212. धूम्रपान और कैंसर के बीच संबंध सिद्ध करनेवाला प्रथम व्यक्ति कौन था?

(अ) रिचर्ड डॉल (ब) फ्रांसिस पीटन राउस

(स) मॉल्कम रॉस (द) ओट्टो वारबर्ग

213. कपास की खेती सर्वप्रथम किस देश में हुई?

(अ) चीन (ब) भारत

(स) मिस्र (द) सूडान

214. जनसाधारण किस अंतरंग प्रदूषक के प्रति सबसे पहले सतर्क हुआ?

(अ) कार्बन डाइऑक्साइड (ब) फॉर्मेल्डिहाइड

(स) रेडॉन (द) ओजोन

215. भारत में स्थापित प्रथम राष्ट्रीय उद्यान कौन सा है?

उत्तर के लिए कृपया पृष्ठ सं. 148 देखें।

(अ) वेल्वादार राष्ट्रीय उद्यान (ब) पेरियार राष्ट्रीय उद्यान
(स) बाँदीपुर राष्ट्रीय उद्यान (द) कॉर्बेट नेशनल पार्क

216. बिजली बनाने के लिए भू-ऊष्मा ऊर्जा का उपयोग सबसे पहले कहाँ किया गया था ?
(अ) मेक्सिको (ब) जापान
(स) इटली (द) सं.रा. अमेरिका

217. संसार का पहला (सन् 1794 में) 'जनसाधारण के लिए चिड़ियाघर' कहाँ स्थापित किया गया है ?
(अ) बोस्टन (अमेरिका) (ब) लंदन (इंग्लैंड)
(स) पेरिस (फ्रांस) (द) पोर्ट्समाउथ (इंग्लैंड)

218. प्राकृतिक रेडियोधर्मिता की खोज किसने की थी ?
(अ) पियरे क्यूरी (ब) मेरी क्यूरी
(स) हेनरी बेक्वेरल (द) किसी ने नहीं

219. 'जैव-भू रसायन शास्त्र' का संस्थापक कौन है ?
(अ) रिचर्ड डॉकिंस (ब) पॉल आर. इरलिच
(स) वी.आई. वर्नाद्स्की (द) जूलियन हक्स्ले

220. 'वृक्ष-मानव' किसे कहा जाता है ?
(अ) सुंदरलाल बहुगुणा (ब) बाबा आम्टे
(स) चंडी प्रसाद भट्ट (द) रिचर्ड सेंट बार्ब बेकर

221. धरती पर जीवन के लिए कौन सी गैस हानिकारक और लाभदायक— दोनों ही है ?
(अ) ऑक्सीजन (ब) ओजोन
(स) कार्बन डायऑक्साइड (द) मीथेन

222. अंटार्कटिक वनस्पति का अधिक भाग किस प्रकार का है ?
(अ) झाड़ियाँ (ब) काई
(स) घासें (द) लाइकेन

223. सर्वाधिक प्रयोग होनेवाले गर्भ-निरोधक में क्या मौजूद रहता है ?
(अ) एस्ट्रोजेन (ब) प्रोलेक्टिन
(स) टेस्टोस्टिरोन (द) प्रोजेस्टोजन

224. चाय का पौधा मूल रूप से किस देश का है ?

उत्तर के लिए कृपया पृष्ठ सं. 148 देखें।

(अ) इंडोनेशिया (ब) भारत
(स) थाईलैंड (द) चीन

225. किस वृक्ष में शक्तिशाली कीटनाशक क्षमता मौजूद है ?
(अ) बाओबेब (ब) नीम
(स) केवड़ा (द) इमली

226. ह्वेल के शरीर का कौन सा हिस्सा एक सुगंध के आधार की तरह प्रयोग किया जाता है ?
(अ) ब्लबर (ब) अंबरग्रिस
(स) हड्डी (द) दाँत

227. अम्लीय वर्षा से किसी झील के अम्लीय हो जाने पर उसकी अम्लीयता किस पदार्थ से दूर की जा सकती है ?
(अ) मिट्टी (ब) चूना
(स) रेत (द) कोई भी हल नहीं है

228. गन्ने से रस निचोड़ने के बाद उसमें कौन सा उपयोगी पदार्थ रह जाता है ?
(अ) खोई (बैगीस) (ब) डेक्स्ट्रान
(स) लिग्निन (द) उपर्युक्त सभी

229. पर्यावरण एवं उसके विकास–हेतु विश्व आयोग का मुख्यालय कहाँ स्थित है ?
(अ) जेनेवा (ब) लंदन
(स) कैरो (द) मेलबोर्न

उत्तर के लिए कृपया पृष्ठ सं. 148 देखें।

6

कला

230. अमेरिका की 'लिबर्टी' मूर्ति कहाँ पर स्थित है ?
(अ) स्टेटन द्वीप (ब) लिबर्टी द्वीप
(स) फिफ्थ एवेन्यू (द) इलिस द्वीप

231. कला के इतिहासकार आनंद के. कुमार स्वामी (1877–1947) की राष्ट्रीयता क्या है ?
(अ) भारतीय (ब) ब्रिटिश
(स) सिंहली (द) अमेरिकी

232. भारत में किस अंक को जालसाजी का प्रतीक माना जाता है ?
(अ) 120 (ब) 420
(स) 9 (द) 11

233. जापानी मार्शल आर्ट 'केंडों' का शस्त्र बदलकर अब क्या कर दिया गया है ?
(अ) नुकीली छड़ (ब) बाँस के पोल
(स) बाँस की तलवार (द) डंडा

234. प्रसिद्ध कला समीक्षक आनंद के. कुमार स्वामी के नाम के 'के.' अक्षर का पूरा शब्द बताएँ।
(अ) केंटिश (ब) कुरुविला
(स) कृष्णास्वामी (द) कृष्ण

235. निम्नलिखित में से कौन सी बैले कंपनी सबसे पुरानी है ?
(अ) बोलशॉई बैले (मास्को)

उत्तर के लिए कृपया पृष्ठ सं. 148 देखें।

(ब) रॉयल बैले (लंदन)
(स) रॉयल डेनिश बैले (कोपेनहेगन)
(द) किरॉव बैले (लेनिनग्राद)

236. निम्नलिखित में से कौन सा ऑर्केस्ट्रा नवीनतम है ?
(अ) न्यूयॉर्क फिलहारमोनिक, सिंफनी (ब) वियना फिलहारमोनिक
(स) लीवरपूल फिलहारमोनिक (द) हैले

237. अजंता की गुफाओं, जिनमें अनेक सदियों तक चित्रकारी की जाती रही, की सबसे पुरानी गुफा X में चित्रकारी कब पूरी हुई थी ?
(अ) चौथी शताब्दी ई.पू. (ब) पहली शती ई.
(स) तीसरी शती ई. (द) छठी शती ई.

238. जापान के किस मार्शल आर्ट में ऐसी वस्तु इस्तेमाल की जाती है, जो विरोधी की चमड़ी (त्वचा) में घुस सकती है ?
(अ) जूडो (ब) जुजित्सु
(स) कराटे (द) कैंडो

239. किस संस्कृत काव्य-ग्रंथ के आधार पर भारतीय चितेरों ने अत्यधिक चित्रांकन किए थे ?
(अ) अभिज्ञानशाकुन्तलम् (ब) रामायण
(स) गीतगोविन्दम् (द) मेघदूतम्

240. यूनान की प्राचीन वास्तुकलाओं में से कौन सी 'प्रीडेट्स' है ?
(अ) डॉरिक (ब) आयनिक
(स) कारिंथियन (द) हैलेनिस्टिक

241. पश्चिमी संगीत में स्वरलिपियाँ जो पाँच समानांतर रेखाओं में होती हैं, को क्या कहा जाता है ?
(अ) स्टेवस (ब) क्विंटेट्स
(स) बार्स (द) स्ट्रिंग्स

242. 'मोनालिसा' के चित्रकार लियोनार्डो द विंची किस देश में जनमे थे ?
(अ) फ्रांस (ब) इटली
(स) हॉलैंड (द) बेल्जियम

243. झुके हुए तारोंवाला कौन सा वाद्ययंत्र सबसे छोटा है ?
(अ) वायलिन (ब) वॉयल

उत्तर के लिए कृपया पृष्ठ सं. 148 देखें।

(स) वायलन सैलो (द) डबल बास (मंद्र)

244. कुचिपुड़ी नृत्य किस राज्य से संबंधित है ?

(अ) आंध्र प्रदेश (ब) तमिलनाडु

(स) कर्नाटक (द) केरल

245. उस्ताद बड़े गुलाम अली खाँ किस घराने के थे ?

(अ) किराना (ब) पटियाला

(स) आगरा (द) ग्वालियर

246. भारत में मुगल स्थापत्य कला का प्रथम नमूना कौन सा है ?

(अ) कुतुबमीनार (ब) बुलंद दरवाजा

(स) हुमायूँ का मकबरा (द) जामा मसजिद

247. चोल साम्राज्य की राजधानी मंदिरों की स्थापत्य कला का भव्य और बेजोड़ नमूना थी; यह कौन सा स्थान है ?

(अ) ममल्लपुरम् (ब) तंजावूर

(स) कांचीपुरम् (द) मदुरै

248. इनमें से किसे 'भारतीय स्थापत्य कला का जनक' कहा जाता है ?

(अ) जेम्स प्रिंसेप (ब) एलेक्जेंडर कनिंघम

(स) जॉन मार्शल (द) सर विलियम जोंस

249. मूर्तिकार और पत्थर तराशनेवाले (संगतराशाँ) 'अलबस्तर' ही क्यों अपनाते हैं ?

(अ) इसका रंग सफेद होता है (ब) इस पर धब्बा नहीं पड़ता

(स) ज्यादा दाम मिलते हैं (द) मृदु होता है

250. प्रसिद्ध वाद्य सितार की खोज किसने की ?

(अ) उस्ताद अमीर खुसरो (ब) पंडित रविशंकर

(स) उस्ताद अल्लाह रक्खा (द) इनमें से कोई नहीं

251. 'आर्ट कैरेट' कंपनी के लिए आभूषणों के डिजाइन किसने तैयार किए थे ?

(अ) रितु बेरी (ब) रितु कुमार

(स) जे.जे. वलय (द) प्रियंका गांधी

252. 'कत्थकली' नृत्य की उत्पत्ति भारत में कहाँ हुई ?

(अ) तमिलनाडु (ब) चेन्नई

(स) उड़ीसा (द) केरल

उत्तर के लिए कृपया पृष्ठ सं. 148 व 149 देखें।

253. 'मोहन वीणा' का आविष्कार किसने किया ?

(अ) पंडित रविशंकर | (ब) विश्वमोहन भट्ट
(स) अमजद अली खाँ | (द) पंडित शिवकुमार

254. विश्वप्रसिद्ध 'यक्षिणी' की मूर्ति कहाँ के संग्रहालय में सुरक्षित है ?

(अ) पटना | (ब) कोलकाता
(स) कानपुर | (द) पटियाला

उत्तर के लिए कृपया पृष्ठ सं. 149 देखें।

7

धर्म

255. बौद्ध धर्म के स्मृति चिह्न—'स्तूप'—समूचे भारत में ही नहीं, विदेशों में भी पाए जाते हैं। सर्वाधिक प्राचीन स्तूप कहाँ पाया गया है?
(अ) अमरावती (ब) सारनाथ
(स) भरहुत (द) साँची

256. अद्वैतवाद के प्रवर्तक कौन थे?
(अ) शंकर (ब) रामानुज
(स) माधव (द) अभिनव गुप्त

257. 'ऋग्वेद' का सर्वाधिक शक्तिशाली और पवित्र 'गायत्री' मंत्र के आराध्य देव कौन हैं?
(अ) ब्रह्मा (ब) विष्णु
(स) सूर्य (द) शिव

258. चार्वाक दर्शन, लोकायत, आजीविका आदि विभिन्न विचारधाराओं के तहत ज्ञात भारतीय भौतिकवाद कब फूला-फला?
(अ) 600 ई.पू. (ब) 200-300 ई.
(स) लगभग 900 ई. (द) 530 ई.

259. पाँचवें सिख गुरु ने प्रथम पवित्र ग्रंथ 'आदि ग्रंथ' संकलित किया था। इन (पाँचवें) गुरु का नाम क्या है?
(अ) गुरु अंगददेव (ब) गुरु अमरदास
(स) गुरु अर्जनदेव (द) गुरु रामदास

260. हालाँकि जैन संप्रदाय की दिगंबर शाखा यह मानती है कि महावीर ने

उत्तर के लिए कृपया पृष्ठ सं. 149 देखें।

विवाह नहीं किया था, लेकिन अन्य लोग मानते हैं उनकी पत्नी और पुत्री थी। उनकी पत्नी का नाम क्या था?

(अ) त्रिशला (ब) यशोधरा

(स) यशोदा (द) प्रियदर्शना

261. विष्णु के छठे अवतार तथा ऋषि जमदग्नि के पुत्र, जिन्होंने इक्कीस बार पृथ्वी को क्षत्रियों से रहित किया था, का नाम क्या था?

(अ) राम (ब) बलराम

(स) परशुराम (द) कल्कि

262. भगवान् बुद्ध ने ज्ञान-प्राप्ति के बाद सबसे पहले कहाँ उपदेश दिया था?

(अ) राजगृह (ब) श्रावस्ती

(स) वैशाली (द) ऋषिपत्तन

263. विश्व का सबसे बड़ा चर्च कौन सा है?

(अ) सेंट पीटर्स चर्च (ब) सेंट पॉल्स कैथेड्रल

(स) सेंट मार्क्स चर्च (द) सेंट पैट्रिक्स कैथेड्रल

264. एक दार्शनिक के अनुसार, टेबुला रस या ब्लैंक टेबलेट (गोली) जन्म के समय मनुष्य के मन की स्थिति है। यह दार्शनिक कौन है?

(अ) जेरेमी बेंथम (ब) जॉन लॉक

(स) जॉन स्टुअर्ट मिल (द) जॉर्ज बर्कले

265. गूढ़ ज्ञानवाद दार्शनिक और धार्मिक विचार व्यवस्था है, जिसमें—

(अ) परमात्मा में विश्वास किया जाता है, लेकिन 'स्वर्ग' का अस्तित्व नहीं माना जाता है

(ब) माना जाता है कि केवल व्यक्ति द्वारा व्यक्त ज्ञान से ही मोक्ष पाया जा सकता है

(स) परमात्मा के अस्तित्व को न तो स्वीकार किया जाता है, न ही नकारा जाता है

(द) परमात्मा का अस्तित्व तभी स्वीकार किया जाएगा, जब कोई तर्क से परमात्मा के अस्तित्व को प्रमाणित कर देगा

266. सबसे पहले महात्मा बुद्ध के उपदेश सुनने और उनके प्रारंभिक शिष्य कहलाए जाने वाले कितने व्यक्ति थे?

(अ) 5 (ब) 7

उत्तर के लिए कृपया पृष्ठ सं. 149 देखें।

(स) 21 (द) 30

267. हिंदू धर्म के अनुसार कलियुग में भगवान् विष्णु किस रूप में अवतार लेंगे?

(अ) नृसिंह (ब) वराह

(स) सफेद घोड़े पर सवार कल्कि (द) श्रीराम

268. कुंभ मेला बारह वर्ष बाद बारी-बारी से चार स्थानों पर लगता है। हरिद्वार और प्रयाग के अतिरिक्त अन्य दो स्थल कौन से हैं?

(अ) वाराणसी, गया (ब) उज्जैन, द्वारका

(स) नासिक, उज्जैन (द) सागर द्वीप, सारनाथ

269. सरस्वती देवी का वाहन हंस अन्य किस देवी या देवता का भी वाहन है?

(अ) यम (ब) इंद्र

(स) ब्रह्मा (द) सूर्य

270. कौन सा पुराण वैष्णव धर्म तथा इसके कर्मकांडों से जुड़ा है?

(अ) विष्णुपुराण (ब) भागवतपुराण

(स) नारदीयपुराण (द) लिंगपुराण

271. ब्रह्मा से उत्पन्न दस ऋषि निम्नलिखित में से कौन 'प्रजापति' नहीं हैं?

(अ) अंगिरा (ब) पुलत्स्य

(स) विश्वामित्र (द) वसिष्ठ

272. नाक्षत्र मास क्या है?

(अ) चंद्रमा को विभिन्न अवस्थाओं पर चक्कर पूरा करने में लगनेवाला समय

(ब) किसी निश्चित तारे स्थिति पर लौटने में चंद्रमा को लगनेवाला समय

(स) तीस मानक दिन

(द) इकतीस या तीस दिन का माह

273. मुसलमानों के धर्मस्थल अजमेर में किस सूफी संत की दरगाह है?

(अ) अब्दल कादिर गिलानी (ब) ख्वाजा मोइनुद्दीन चिश्ती

(स) जलालुद्दीन रूमी (द) फरीदुद्दीन अतर

274. किस राज्य में बड़ी संख्या में बौद्ध मठ हैं?

(अ) सिक्किम (ब) असम

(स) उड़ीसा (द) बिहार

उत्तर के लिए कृपया पृष्ठ सं. 149 देखें।

275. हिंदू पौराणिक कथाओं के अनुसार हनुमानजी का पुत्र कौन था?

(अ) मकरध्वज (ब) वृषभ

(स) विनत (द) सुषेण

276. हिंदू मान्यताओं के अनुसार यमराज के पास आत्माओं का लेखा-जोखा कौन रखता है?

(अ) कालयवन (ब) चित्रगुप्त

(स) कालनेमि (द) कालभैरव

277. प्राचीन काल में भारतीय विज्ञान की किस शाखा के देवता पेंचगुणी थे?

(अ) ज्योतिष (ब) हस्तरेखा विज्ञान

(स) योग (द) दर्शन

278. जब हनुमानजी अशोक वाटिका में सीताजी से मिलने गए थे, तब वे किस पेड़ पर छिपे थे?

(अ) शीशम (ब) बरगद

(स) पीपल (द) अशोक

279. हिंदू मान्यताओं के अनुसार देवताओं के चिकित्सक कौन माने जाते हैं?

(अ) अश्विनीकुमार (ब) इंद्र

(स) कुबेर (द) धन्वंतरि

280. किस हिंदू देवी को 'गिरिजा' के नाम से भी जाना जाता है?

(अ) लक्ष्मी (ब) सरस्वती

(स) वैष्णो देवी (द) पार्वती

281. पुरी के जगन्नाथ मंदिर में किस चीज का प्रसाद चढ़ाने की मनाही है?

(अ) नारियल (ब) काजू

(स) मूँगफली (द) दूध

282. विश्व में ब्रह्मा का एकमात्र मंदिर कहाँ स्थित है?

(अ) वाराणसी (ब) प्रयाग

(स) पुष्कर (द) हरिद्वार

283. किस ज्ञानी के कहने पर महर्षि वाल्मीकि ने 'रामायण' लिखी थी?

(अ) नारद मुनि (ब) विश्वामित्र

(स) वसिष्ठ (द) भारद्वाज

284. हनुमान को वेद तथा अन्य विषयों का ज्ञान किसने कराया था?

उत्तर के लिए कृपया पृष्ठ सं. 149 देखें।

(अ) समुद्र देव (ब) वायु देव
(स) सूर्य देव (द) अग्नि देव

285. किस महर्षि ने 'गायत्री मंत्र' की रचना की थी?
(अ) विश्वामित्र (ब) वसिष्ठ
(स) गौतम (द) अगस्त्य

286. हिंदू मान्यताओं के अनुसार कुल कितनी योनियाँ मानी गई हैं?
(अ) 84 हजार (ब) 48 हजार
(स) 48 लाख (द) 84 लाख

287. 'रामायण' में भरत की पत्नी का नाम क्या था?
(अ) उर्मिला (ब) मांडवी
(स) श्रुतिकीर्ति (द) जानकी

288. यूनानी पुराण कथाओं के अनुसार निम्नलिखित में से आधा मानव तथा आधा घोड़ा कौन है?
(अ) मजैस्टा (ब) सेंटोर
(स) हर्कुलिस (द) पेलियास

289. 'महाभारत' में 'कृष्णा' किसे कहा जाता है?
(अ) कुंती (ब) गांधारी
(स) द्रौपदी (द) श्यामला

290. अशोक वाटिका में हनुमान से युद्ध करते समय रावण का कौन सा पुत्र मारा गया था?
(अ) मेघनाद (ब) प्रहस्त
(स) देवांतक (द) अक्षयकुमार

291. 'जन्माष्टमी' भारतवर्ष के किस महान् देवता का जन्मदिन है?
(अ) भगवान् कृष्ण (ब) भगवान् शिव
(स) भगवान् विष्णु (द) हनुमान

292. 'महाभारत' में 'धर्मपुत्र' किसे कहा गया है?
(अ) पांडु (ब) भीष्म
(स) धृतराष्ट्र (द) युधिष्ठिर

293. शक संवत् में अधिवर्ष के अतिरिक्त दिन किस माह में जोड़े जाते हैं?
(अ) चैत्र (ब) माघ

उत्तर के लिए कृपया पृष्ठ सं. 149 देखें।

(स) ज्येष्ठ (द) मकर

294. दिवाली से कितने दिन पहले करवा चौथ पर्व मनाया जाता है?
(अ) नौ (ब) चार
(स) पाँच (द) पंद्रह

295. हिंदू पौराणिक कथाओं के अनुसार कामदेव का वाहन कौन सा पक्षी है?
(अ) कौआ (ब) तोता
(स) कबूतर (द) चील

296. हिंदू दर्शन की किस व्यवस्था का अर्थ 'संगठन' है?
(अ) योग (ब) रेकी
(स) आयुर्वेद (द) होम्योपैथी

297. किस धर्मग्रंथ में भगवान् बुद्ध के उपदेश संकलित किए गए हैं?
(अ) धर्मोपदेश (ब) जातक
(स) धम्मपद (द) धर्मोशिक्षा

298. 'जातक कथा' में किसकी जीवन-कथाएँ चित्रित हैं?
(अ) वैदिक ऋषि (ब) बौद्ध गुरु
(स) जैन गुरु (द) बोधिसत्त्व

299. भगवान् राम के अनुज लक्ष्मण की पत्नी का क्या नाम था?
(अ) मांडवी (ब) श्रुतिकीर्ति
(स) उर्मिला (द) सीता

300. कौरवों द्वारा पांडवों को समाप्त करने हेतु बनवाया गया लाक्षागृह किस स्थान पर था?
(अ) वारणावत (ब) पानीपत
(स) साबरमती (द) हस्तिनापुर

301. 'रामायण' के रचनाकार वाल्मीकि का वास्तविक नाम क्या था?
(अ) रत्नाकर (ब) कर्महर
(स) दुर्नयन (द) विमुक्त

302. विश्व का प्राचीनतम धर्मग्रंथ कौन सा है?
(अ) ऋग्वेद (ब) यजुर्वेद
(स) अथर्ववेद (द) गीता

303. विष्णु का कौन सा अवतार मछली के रूप में माना जाता है?

उत्तर के लिए कृपया पृष्ठ सं. 149 देखें।

(अ) मत्स्य (ब) कल्कि

(स) वराह (द) नरसिंह

304. पौराणिक कथाओं में प्रसिद्ध समुद्र-मंथन से कितनी वस्तुएँ निकली थीं ?

(अ) पाँच (ब) चौबीस

(स) चौदह (द) चौंतीस

305. भगवान् कृष्ण के बड़े भाई बलराम किसके अवतार माने जाते हैं ?

(अ) सूर्य (ब) शेषनाग

(स) विष्णु (द) ब्रह्मा

306. इनमें से कौन आजीवन अविवाहित रहे थे ?

(अ) भीष्म पितामह (ब) पांडु

(स) विचित्रवीर्य (द) दुष्यंत

307. 'महाभारत' ग्रंथ की रचना तो महर्षि वेदव्यास ने की थी, किंतु इस ग्रंथ को लिखा किसने था ?

(अ) गणेश (ब) सत्यवती

(स) नारद (द) श्रीकृष्ण

308. श्रीकृष्ण के शंख का क्या नाम था ?

(अ) विजय (ब) पाञ्चजन्य

(स) उद्घोष (द) जलज

309. अज्ञातवास के समय जब पांडव मत्स्य देश में राजा विराट के यहाँ रह रहे थे तो उस समय 'कंक' किस पांडव का नाम था ?

(अ) सहदेव (ब) युधिष्ठिर

(स) नकुल (द) भीम

310. महाभारत युद्ध में जिस व्यूह के अंतर्गत अभिमन्यु को घेरकर मारा गया था उसका क्या नाम था ?

(अ) शकट (ब) चक्र

(स) क्रौंच (द) सूचीमुख

311. धृतराष्ट्र का वह कौन पुत्र था, जो महाभारत युद्ध में पांडवों की ओर से लड़ा था ?

(अ) युयुत्सु (ब) विकर्ण

(स) विविंशति (द) दुर्धर्ष

उत्तर के लिए कृपया पृष्ठ सं. 149 देखें।

312. लाक्षागृह में पांडवों में से किसने आग लगाई थी ?

(अ) नकुल (ब) भीमसेन

(स) युधिष्ठिर (द) अर्जुन

313. पितामह भीष्म महाभारत युद्ध में पांडवों के विरुद्ध कुल कितने दिन तक लड़े थे ?

(अ) 10 (ब) 16

(स) 5 (द) 13

314. भीमसेन में कितने हाथियों का बल था ?

(अ) 1,000 (ब) 10,000

(स) 12,000 (द) 15,000

315. श्रीकृष्ण के चक्र का नाम बताइए।

(अ) ईशान् (ब) सुदर्शन

(स) अरिनाशक (द) शिवम्

316. इनमें से कौन था, जिसके यहाँ श्रीकृष्ण ने बासी साग बड़े प्रेम से खाया था ?

(अ) गांधारी (ब) विदुर

(स) भीष्म (द) एकलव्य

317. इनमें से किसका अंश पाँचों पांडवों में था ?

(अ) धर्म (ब) इंद्र

(स) अश्विनीकुमार (द) वायु

318. समुद्र-मंथन से जो अश्व निकला था उसका क्या नाम है ?

(अ) चेतक (ब) बाज

(स) उच्चैःश्रवा (द) सुमाली

319. लंका जाने के लिए पुल बाँधते समय श्रीराम ने जिस शिवलिंग की स्थापना की थी, उसका क्या नाम है ?

(अ) एकलिंग (ब) पशुपतिनाथ

(स) रामेश्वर (द) ज्योतीश्वर

320. उस सागर का क्या नाम था देवताओं और असुरों ने जिसका मंथन किया था ?

(अ) क्षीरोद सागर (ब) प्रशांत सागर

(स) कश्यप सागर (द) विष्णु सागर

उत्तर के लिए कृपया पृष्ठ सं. 149 व 150 देखें।

321. इंद्र के प्रसिद्ध हाथी का क्या नाम था?

(अ) अश्वत्थामा (ब) कुवलयापीड

(स) ऐरावत (द) गजेश

322. आठवें वसु का क्या नाम है?

(अ) सावित्र (ब) सोम

(स) अनल (द) प्रत्यूष

323. वह कौन वीर था जो रावण को छह माह तक अपनी काँख (बगल) में दबाए रहा था?

(अ) सहस्रार्जुन (ब) कुबेर

(स) मय (द) बालि

324. वह कौन महर्षि थे जिन्होंने अपनी पत्नी को प्रस्तर-शिला बन जाने का शाप दिया था?

(अ) अत्रि (ब) वसिष्ठ

(स) वाल्मीकि (द) गौतम

325. विष्णु ने किस स्त्री का सिर काट लिया था?

(अ) अहल्या (ब) भृगु-पत्नी

(स) अंजना (द) अनसूया

326. वह कौन वानर वीर था जो रावण के दरबार में पाँव जमाकर खड़ा हो गया था और जिसने उसे हिला भी देने की चुनौती दी थी?

(अ) हनुमान (ब) अंगद

(स) सुग्रीव (द) जांबवान्

327. महर्षि परशुराम का आश्रम किस पर्वत पर था?

(अ) सुमेरु (ब) मंदराचल

(स) महेंद्र (द) किष्किंधा

328. गंगा शिव की जटा से छूटकर किस स्थान पर जाकर गिरी थीं?

(अ) गोमुख (ब) अयोध्या

(स) गंगोत्तरी (द) विंदु सरोवर

329. इंद्र किस दिशा के लोकपाल माने जाते हैं?

(अ) पूर्व (ब) पश्चिम

(स) उत्तर (द) दक्षिण

उत्तर के लिए कृपया पृष्ठ सं. 150 देखें।

8

शिक्षा

330. संयुक्त राज्य की शिक्षा प्रणाली में 'नॉर्मल स्कूल' नामक संस्था का क्या अर्थ है ?
(अ) जाति के आधार पर मिश्रित स्कूल
(ब) सामाजिक रूप से मिश्रित स्कूल अर्थात् सभी आर्थिक स्तरों के बच्चों का नाम लिखना
(स) प्रारंभिक (प्राथमिक) शिक्षा के अध्यापकों का प्रशिक्षण स्कूल
(द) व्यावसायिक अध्ययन स्कूल

331. त्रिनिति, मैगडालेन, जीसस, पेमब्रोक—ये कॉलेज किस विश्वविद्यालय से संबद्ध हैं ?
(अ) हार्वर्ड (ब) ऑक्सफोर्ड
(स) लंदन (द) कैंब्रिज

332. लिपियाँ बाएँ से दाएँ, दाएँ से बाएँ, ऊपर से नीचे तथा मिश्रित रूप में पढ़ी जाती हैं। 'बाउस्ट्रोफेडॉन' लिपि क्या है ?
(अ) बाएँ से दाएँ पढ़ना
(ब) दाएँ से बाएँ पढ़ना
(स) बाएँ से दाएँ और दाएँ से बाएँ बारी-बारी पढ़ना
(द) ऊपर से नीचे की ओर पढ़ना

333. अंग्रेजी वर्णमाला का कौन सा अक्षर मॉर्स कोड में बहुत आसानी से बदला जा सकता है ?
(अ) T (ब) I

उत्तर के लिए कृपया पृष्ठ सं. 150 देखें।

(स) S

(द) E

334. भारत में अंग्रेजी शिक्षा को बढ़ावा देने के लिए लॉर्ड डलहौजी ने सन् 1857 और 1887 के बीच भारत में छह विश्वविद्यालय स्थापित किए। निम्नलिखित में से कौन सा विश्वविद्यालय सबसे पहले खोला गया?

(अ) बंबई

(ब) मद्रास

(स) लाहौर

(द) कलकत्ता

335. कौन सी महिला प्रथम 'भारतीय प्रशासनिक अधिकारी' (आई.ए.एस.) बनी थी?

(अ) किरण बेदी

(ब) विजयलक्ष्मी पंडित

(स) अन्ना राजम जॉर्ज

(द) सरोजिनी नायडू

336. अकादमी अवार्ड के 'ऑस्कर' में कौन सा हथियार या चिह्न दरशाया गया है?

(अ) तलवार

(ब) लैंप

(स) भाला

(द) मेडल (पदक)

337. ये शब्द किसने कहे हैं—'1 प्रतिशत प्रेरणा एवं 99 प्रतिशत मेहनत से प्रतिभा सृजित होती है।'

(अ) थॉमस एल्वा एडीसन

(ब) आइजक न्यूटन

(स) अल्बर्ट आइंस्टीन

(द) थॉमस जेफरसन

338. 'नोबल पुरस्कार' के समतुल्य और कौन सा सम्मान दिया जाता है?

(अ) स्वर्ण पदक

(ब) फील्ड पदक

(स) पर्पल हार्ट

(द) मैग्सेसे पुरस्कार

339. स्वामी विवेकानंद के गुरु का नाम क्या था?

(अ) शंकराचार्य

(ब) रामकृष्ण परमहंस

(स) दयानंद सरस्वती

(द) संत तुकाराम

340. इनमें से माँ सरस्वती का वाद्य यंत्र कौन सा है?

(अ) पखावज

(ब) सितार

(स) सरोद

(द) वीणा

341. मैग्सेसे सम्मान पानेवाला पहला भारतीय कौन है?

(अ) विनोबा भावे

(ब) किरण बेदी

(स) महात्मा गांधी

(द) इंदिरा गांधी

उत्तर के लिए कृपया पृष्ठ सं. 150 देखें।

342. 'पंचतंत्र' की कहानियाँ किसने लिखीं ?

(अ) विष्णु शर्मा (ब) कालिदास

(स) चाणक्य (द) बाणभट्ट

343. 'आगम' किस धर्म के मौलिक ग्रंथों की संज्ञा है ?

(अ) बौद्ध (ब) सिख

(स) जैन (द) ईसाई

उत्तर के लिए कृपया पृष्ठ सं. 150 देखें।

9

विज्ञान

344. कई दशकों तक कंप्यूटर भाषा के विकास के दौरान भिन्न-भिन्न कार्यों के लिए अलग-अलग शब्द-संक्षेप (Acronyms) इस्तेमाल किए गए थे। इनमें से कौन सा शब्द-संक्षेप सबसे बाद का है?

(अ) FORTRAN (ब) ALGOL

(स) BASIC (द) SNOBOL

345. परमाणु विकिरण का प्रभाव सबसे पहले मानव शरीर के किस अंग पर पड़ता है?

(अ) आँखें (ब) रक्त

(स) अस्थि मज्जा (द) गुरदे

346. जेट इंजन का आविष्कार किसने किया?

(अ) फ्रैंक व्हिटल (ब) हैनरिक गिजलर

(स) चार्ल्स बैबेज (द) हंस फिशर

347. प्रकाश की गति 3 लाख कि.मी. प्रति सेकंड है। एक प्रकाश-वर्ष में कितनी दूरी तय की जाती है?

(अ) 115 लाख कि.मी. (ब) 450 लाख कि.मी.

(स) 495 लाख कि.मी. (द) 9.5 लाख कि.मी.

348. आजकल मशीन के पुरजों की ढलाई (कास्टिंग) में भी 'गन मेटल' इस्तेमाल होती है, लेकिन सबसे पहले यह गन बनाने में इस्तेमाल की जाती थी। इस धातु में कौन-कौन सी धातुएँ मिश्रित होती हैं?

(अ) लोहा, पीतल तथा टिन (ब) ताँबा, टिन और जिंक

उत्तर के लिए कृपया पृष्ठ सं. 150 देखें।

(स) लोहा, टिन और फेल्ड स्पार (द) टिटेनियम, लोहा और जिंक

349. कृत्रिम सिरका मात्र घुला हुआ एसिड होता है; इस एसिड का नाम बताएँ।
(अ) एसीटिक एसिड
(ब) हाइड्रोक्लोरिक एसिड (HCL)
(स) एस्कॉर्बिक एसिड
(द) सीट्रिक एसिड

350. ईल, अशल्क मीन (कैट फिश) जैसी इलेक्ट्रिक मछली तथा विकिरण से बहुत ज्यादा बिजली चार्ज होती है। बिजली का यह चार्ज कितना होता है ?
(अ) 200 वॉल्ट्स (ब) 260 वॉल्ट्स
(स) 500 वॉल्ट्स (द) 600 वॉल्ट्स

351. मनुष्य और पर्यावरण के बीच विद्यमान संबंध के समान पेड़ और पर्यावरण के बीच भी विद्यमान संबंध विज्ञान की विशिष्ट शाखा है। इसे क्या कहा जाता है ?
(अ) सिल्वन इकोलॉजी (ब) सिस्टम इकोलॉजी
(स) फॉरेस्ट ऑटिकोलॉजी (द) सिन इकोलॉजी

352. 'भूरे बौने' (ब्राउन ड्वार्फ्स) का विचार किसने दिया ? यह ग्रह और सितारों के बीच विकास के दौर में मिलनेवाली एक चीज है।
(अ) शिव कुमार (ब) एच.एन. रसेल
(स) जॉन फ्लैमस्टीड (द) एस. चंद्रशेखर

353. हमारे सौरमंडल में कौन सा ग्रह सूर्य की कक्षा के चारों ओर चक्कर लगाने में सबसे ज्यादा समय लेता है ?
(अ) बृहस्पति (ब) प्लूटो
(स) मंगल (द) शनि

354. हमारे सौरमंडल में कौन सा ग्रह सबसे कम समय में सूर्य की कक्षा का चक्कर लगा लेता है ?
(अ) शुक्र (ब) बुध
(स) पृथ्वी (द) मंगल

355. 'हाइड्रोपॉनिकस' और पानी के बीच क्या संबंध पाया जाता है ?
(अ) विज्ञान, जिसमें द्रव पदार्थों के रासायनिक गुणधर्मों का अध्ययन किया जाता है

उत्तर के लिए कृपया पृष्ठ सं. 150 देखें।

(ब) धरातल पर पानी के वितरण और गति का अध्ययन

(स) भू-जल ग्रहण करना और ध्वनि तरंगों की व्याख्या

(द) पौधों का मिट्टी के बिना संवर्धन

356. लोहे और स्टील में प्रमुख अंतर यह है कि लोहे में जंग लग जाता है, लेकिन स्टील में नहीं। जंग को रोकने के लिए उसमें कौन सी मिश्र धातु मिलाई जाती है?

(अ) क्रोमियम (ब) मैग्नीशियम

(स) निकल (द) जिंक

357. आर्किमिडीज के सिद्धांत में बताया गया है कि—

(अ) हटाए गए जल का भार डुबोई गई वस्तु के बराबर होता है

(ब) पानी में डाली गई वस्तु तभी डूब सकती है जब उसका भार हटनेवाले जल की मात्रा से अधिक हो

(स) पानी में डाली गई वस्तु तभी तैर पाएगी जब उसका द्रव्यमान हटनेवाले जल की मात्रा से कम हो

(द) द्रव पदार्थ में डाली गई वस्तु हटाए गए पानी के भार के बराबर ऊपर की ओर उछलेगी/उठेगी

358. हर व्यक्ति बैक्टीरिया युद्ध के बारे में थोड़ा-बहुत जानता है। बड़ी मात्रा में आबादी खत्म करने के लिए युद्ध शस्त्र या ऍरोसॉल पैकेज के माध्यम से हानिकारक बैक्टीरिया इस्तेमाल किए जाते हैं। तब जैविक (बायोलॉजिकल) युद्ध क्या है?

(अ) बैक्टीरिया तथा बायोलॉजिकल युद्ध समान है

(ब) दूर तक शत्रु के शरीर में घुसकर नुकसान पहुँचानेवाली किरणें

(स) विश्वयुद्ध के समान युद्ध में लड़ने के लिए मनुष्यों और पशुओं का इस्तेमाल

(द) जैविक सिद्धांत के आधार पर किसी देश या जाति के लोगों पर इसलिए हमला करना कि वे लोग भ्रष्ट या पतित हैं

359. 'क्वासर्स' तारे जैसी आकृति के पदार्थ होते हैं। ये ब्रह्मांड में बहुत ज्यादा चमकते तथा काफी दूरी पर होते हैं। ये पदार्थ प्रकाश गति के 80 प्रतिशत की गति पर हमारी आकाशगंगा की ओर बढ़ रहे हैं और लगभग आठ बिलियन प्रकाशवर्ष दूर हैं। इनका प्रकाश एक सौ आकाशगंगाओं को

उत्तर के लिए कृपया पृष्ठ सं. 150 देखें।

मिलाकर निकलनेवाले प्रकाश के बराबर है। आज तक सर्वाधिक चमकीला 'क्वासर' कौन सा है?

(अ) 3C–273 (ब) XL–981

(स) QC–192 (द) OP–92

360. पीड़ामापी यंत्र का नाम क्या है?

(अ) एल्गोमीटर (ब) एची मीटर

(स) प्वाइनेमीटर (द) पैंस्ट्रेथो

361. जैवमंडल में वनस्पति और जीव-जंतुओं के महत्त्व को समझकर उसे बचाने के लिए सबसे पहले किस प्रजाति पर अंतरराष्ट्रीय जगत् का ध्यान गया?

(अ) मांसभक्षी (ब) मछली

(स) पक्षी (द) शाकभक्षी

362. विज्ञान के क्षेत्र में कौन सी शोध संस्था सबसे पहले स्थापित की गई थी?

(अ) टाटा इंस्टीच्यूट ऑफ फंडामेंटल रिसर्च, मुंबई

(ब) इंडियन एसोसिएशन फॉर द कल्टीवेशन ऑफ साइंस, कोलकाता

(स) इंडियन इंस्टीच्यूट ऑफ साइंस, बंगलौर

(द) फिजिकल रिसर्च लेबोरेटरी, अमदाबाद

363. ग्रहों की गति से संबंधित 'हेलियोसेंट्रिक' सिद्धांत का प्रतिपादन किसने किया?

(अ) कलाडियस टोलेमियस (प्टोलेमी)

(ब) निकोलस कोपरनिक्स

(स) गैलीलियो गैलीली

(द) आर्यभट्ट

364. विश्व के किस देश में यूरेनियम सर्वाधिक मात्रा में पाया जाता है?

(अ) नाइजर (ब) दक्षिण अफ्रीका

(स) संयुक्त राज्य अमेरिका (द) नामीबिया

365. सर एलेक्जेंडर फ्लेमिंग ने पेंसिलीन का आविष्कार कब किया?

(अ) सन् 1928 (ब) सन् 1932

(स) सन् 1937 (द) सन् 1941

366. मानव शरीर में सबसे कम मात्रा में कौन सा खनिज पदार्थ होता है?

उत्तर के लिए कृपया पृष्ठ सं. 150 देखें।

(अ) लोहा (ब) जिंक
(स) ताँबा (द) मैगनीज

367. एटम सिद्धांत का प्रतिपादन किस वैज्ञानिक ने किया था?
(अ) मॉक्रीटस (ब) ल्यूसिपस
(स) कानडा (द) जॉन डाल्टन

368. किस ग्रह पर दिन और रात सबसे ज्यादा लंबे होते हैं?
(अ) बुध (ब) मंगल
(स) शुक्र (द) प्लूटो

369. जैव प्रौद्योगिकी इनमें से किस क्षेत्र में महत्त्वपूर्ण भूमिका निभाएगी?
(अ) प्रदूषण नियंत्रण (ब) अपशिष्ट पदार्थों की अभिक्रिया
(स) खाद्य उत्पादन (द) ऊर्जा संबंधी आवश्यकताओं की पूर्ति

370. छठे दशक में भारत की हरित क्रांति से किस वैज्ञानिक का नाम जुड़ा है?
(अ) सर जगदीशचंद्र बोस (ब) डॉ. बी.पी. पाल
(स) एम.एस. स्वामीनाथन (द) एम.एस. रंधावा

371. विश्व का पहला मानवयुक्त अंतरिक्ष यान किस वर्ष छोड़ा गया?
(अ) सन् 1961 (ब) सन् 1963
(स) सन् 1962 (द) सन् 1965

372. मानियाक (MANIAC) कंप्यूटर का स्रष्टा कौन था, जिसके आविष्कार से हाइड्रोजन बम अस्तित्व में आया?
(अ) लियो स्जिलार्ड (ब) नील्स बॉर
(स) जॉन वॉन न्यूमैन (द) ओटो हान

373. यूरी गगारिन ने अंतरिक्ष यान में धरती का चक्कर कब लगाया?
(अ) सन् 1967 (ब) सन् 1961
(स) सन् 1957 (द) सन् 1975

374. कौन सी वायुमंडलीय परत पृथ्वी की सतह से सबसे ऊपर है?
(अ) ट्रोपोस्फेयर (ब) आइनोस्फेयर
(स) मेसोसफेयर (द) स्ट्रेटोस्फेयर

375. ग्लोबल तापमान ऐसे बिंदु तक पहुँच गया है कि यदि वह थोड़ा सा और नीचे आ जाए तो धरती पर हिमयुग आ जाएगा। कितनी डिग्री नीचे आने पर ऐसा होगा?

उत्तर के लिए कृपया पृष्ठ सं. 150 व 151 देखें।

(अ) 4° सेंटिग्रेड (ब) 5° सेंटिग्रेड
(स) 10° सेंटिग्रेड (द) 2° सेंटिग्रेड

376. सर सी.वी. रमन को नोबल पुरस्कार किस वर्ष प्रदान किया गया था?
(अ) सन् 1930 (ब) सन् 1932
(स) सन् 1936 (द) सन् 1931

377. कौन सा प्राथमिक मूल कण नाभिकीय ऊर्जा के उत्पादन के लिए बंदूक के घोड़े की तरह काम करता है?
(अ) मेसॉन (ब) प्रोटॉन
(स) न्यूट्रॉन (द) हेप्टॉन

378. पहला प्रयोग किसने किया था, जिससे यह सिद्ध हुआ था कि पृथ्वी पर जीवन रासायनिक विकास का परिणाम है?
(अ) बारबरा मैकक्लिंटॉक (ब) सुसुमु टोनीगावा
(स) स्टैनली एल. मिलर (द) कोनर्ड लॉरेंज

379. मानव शरीर में सबसे बड़ी ग्रंथि कौन सी है?
(अ) थायराइड ग्रंथि (ब) पिट्युटरी ग्रंथि
(स) यकृत (लीवर) (द) एड्रेनलिन

380. जब पृथ्वी की सतह पर ऊष्मा के चारों ओर वायुमंडलीय प्रदूषण फैल जाता है तो हम पर 'ग्रीन हाउस' प्रभाव पड़ता है। इसके लिए कौन सा प्रदूषण तत्त्व मुख्यत: जिम्मेदार है?
(अ) कार्बन डाइऑक्साइड (ब) कार्बन मोनोऑक्साइड
(स) ओजोन (द) सल्फर डाइऑक्साइड

381. छुरी-काँटे में किस तत्त्व की मौजूदगी से विषैलापन आ जाता है, जिससे अंतत: कैंसर का रोग हो जाता है?
(अ) टिन (ब) निकल
(स) क्रोमियम (द) सीसा

382. किस हारमोन की कमी से 'क्रेटिनिज्म' हो जाता है, अर्थात् व्यक्ति बौना रह जाता है?
(अ) थायराइड हारमोन (ब) एड्रेनलिन हारमोन
(स) पिट्यूटरी हारमोन (द) टेस्टोटेरॉन

383. अंटार्कटिका में सबसे ज्यादा (पाँच) अन्वेषण किसने किए?

उत्तर के लिए कृपया पृष्ठ सं. 151 देखें।

(अ) रोल्ड अमंडसन　　(ब) आर.एफ. स्कॉट

(स) रिचर्ड ई. बियर्ड　　(द) आर.ई. पियरे

384. विश्व के किस देश में पहला परमाणु बिजलीघर बनाया गया?

(अ) फ्रांस　　(ब) अमेरिका

(स) इंग्लैंड　　(द) रूस

385. निम्नलिखित में से किस वैज्ञानिक को सबसे पहले भौतिकशास्त्र में नोबल पुरस्कार दिया गया?

(अ) डब्ल्यू.सी. रोएंटगेन　　(ब) फिलिप लेनार्ड

(स) मेरी एस. क्यूरी　　(द) पियरे क्यूरी

386. निम्नलिखित में से कौन सा अंतरिक्ष यात्री प्रथम अंतरिक्ष शटल (यान) का पायलट भी था?

(अ) ज़ो एंजेल　　(ब) ऑलेग अत्कॉव

(स) एडविन एल्ड्रिन　　(द) नील आर्मस्ट्रांग

387. मनुष्य के शरीर के किस भाग की मांसपेशी सबसे ज्यादा मजबूत होती है?

(अ) जाँघ　　(ब) कूल्हे

(स) वृक्कद्रोणि (पेल्विस)　　(द) जबड़ा

388. पृथ्वी और सूर्य के बीच कितनी दूरी है?

(अ) 9, 29, 60, 000 कि.मी.　　(ब) 19, 26,90, 000 कि.मी.

(स) 14, 96, 04, 970 कि.मी.　　(द) 29, 10,69, 000 कि.मी.

389. किस वर्ष मनुष्य ने पहली बार चाँद पर अपने कदम रखे?

(अ) सन् 1963　　(ब) सन् 1965

(स) सन् 1969　　(द) सन् 1971

390. भारत के किस शहर में सर्वप्रथम आधुनिक खगोलीय वेधशाला स्थापित की गई?

(अ) दार्जिलिंग　　(ब) शिलांग

(स) चेन्नई　　(द) पुणे

391. सूर्य के अलावा पृथ्वी का निकटतम तारा 'प्रोक्सिमा सेंचुरी' उससे कितनी दूरी पर है?

(अ) 23 प्रकाशवर्ष　　(ब) 13 प्रकाशवर्ष

(स) 6.3 प्रकाशवर्ष　　(द) 4.22 प्रकाशवर्ष

उत्तर के लिए कृपया पृष्ठ सं. 151 देखें।

392. रसायनशास्त्र तथा शांति के लिए किस व्यक्ति को दो बार नोबल पुरस्कार दिया गया ?

(अ) अल्बर्ट आइंस्टीन (ब) फ्रेडरिक सेंगर

(स) कोनरेड लॉरेंज (द) लिनस पाउलिंग

393. मानव जीवन तथा पर्यावरण में महत्त्वपूर्ण परिवर्तन लानेवाले आंतरिक दहन इंजन का आविष्कार किसने किया था ?

(अ) कॉर्ल बेंज (ब) गॉटलिब डेमलर

(स) हेनरी फोर्ड (द) वेनवर बुश

394. किस विख्यात महासागर वैज्ञानिक ने पानी के अंदर फोटोग्राफी के लिए कुछ यंत्रों का आविष्कार किया ?

(अ) डेविड स्टेनबरा (ब) जैक्स वेस कोस्ट्यू

(स) ऑर्थर सी.क्लार्क (द) जैक्स मोनोद

395. निम्न ग्रहों में प्रात:कालीन तारा किसे कहते हैं ?

(अ) मंगल (ब) बृहस्पति

(स) शुक्र (द) शनि

396. 'पारसैक' में कितने प्रकाशवर्ष होते हैं ?

(अ) 3.26 प्रकाशवर्ष (ब) 4.83 प्रकाशवर्ष

(स) 5.25 प्रकाशवर्ष (द) 10 प्रकाशवर्ष

397. जीवन की विभिन्न अवस्थाओं में मानव शरीर अलग-अलग गति से वृद्धि करता है। अधिक तेज गति से वृद्धि किस अवस्था में होती है ?

(अ) 8 से 13 वर्ष के बीच (ब) 10 से 16 वर्ष के बीच

(स) 15 से 21 वर्ष के बीच (द) 18 से 25 वर्ष के बीच

398. 'आर्यभट्ट' के बाद कौन सा अंतरिक्ष यान छोड़ा गया ?

(अ) आर्यभट्ट द्वितीय (ब) भास्कर

(स) रोहिणी (द) ध्रुव

399. परमाणु विस्फोट के दौरान किस ऊर्जा से पूरे विश्व के इलेक्ट्रॉनिक साधन नष्ट हो जाएँगे ?

(अ) गामा विकिरण (ब) इलेक्ट्रॉनिक पल्स

(स) परमाणु विकिरण (द) अत्यधिक ऊष्मा

400. साइको मीटर से क्या मापा जाता है ?

उत्तर के लिए कृपया पृष्ठ सं. 151 देखें।

(अ) प्राकृतिक या कृत्रिम शीत प्रभाव में शरीर के ताप में आई गिरावट

(ब) सोए हुए व्यक्ति के मस्तिष्क के आवेश को

(स) गैसों में नमी की मात्रा

(द) झूठ पकड़ने का यंत्र, जब किसी व्यक्ति से सवाल पूछा जाता है तब इससे उस व्यक्ति के हृदय की स्पंदन गति मापना।

401. न्यूमेटिक टायर की खोज किसने की?

(अ) जे.बी. डनलप (ब) सी. गुडईअर

(स) रॉबर्ट इंचैक (द) सी. मैगी

402. सबसे बड़ा वायु-यंत्र कौन सा है?

(अ) फ्रैंच हॉर्न (ब) बैसून

(स) तुबा (द) ट्रॉम्बोन

403. चंद्रमा की सतह पर पाँव रखनेवाला पहला व्यक्ति कौन था?

(अ) वेलेंटीना तेरेश्कोवा (ब) नील एल्डिन आर्मस्ट्रांग

(स) यूरी गागरिन (द) राकेश शर्मा

404. विश्व का सबसे पहला मानवयुक्त अंतरिक्ष उड़ान का कार्यक्रम कौन सा था?

(अ) अपोलो : कमांड और सर्विस मॉड्यूल्स (ब) वास्तॉक

(स) वॉशकॉद (द) जेमिनी

405. पाचन क्रिया के बाद कार्बोहाइड्रेट किस रूप में बदल जाते हैं?

(अ) वसा (ब) मांसपेशी

(स) रक्त (द) ग्लूकोज

406. समुद्र के प्रमुख प्रदूषक तत्त्व तेल की पतली परत पानी पर फैल जाने के कारण समुद्री जीव साँस नहीं ले पाते। इस समस्या से निपटने के लिए 'सुपरबग' का पता किसने लगाया?

(अ) चार्ल्स बैबेज (ब) विक्रम साराभाई

(स) आनंद चक्रवर्ती (द) जॉर्ज विटिज

407. किस कारण से 'पित्ताशय' में गैलस्टोन बन जाता है?

(अ) पेयजल में कैल्शियम की भारी मात्रा

(ब) चिकनाईयुक्त भोजन अधिक खाना

(स) पित्त में क्रिस्टल

(द) आमाशय (पेट) में बननेवाले एसिड में क्रिस्टल होना

उत्तर के लिए कृपया पृष्ठ सं. 151 देखें।

408. 'एग्रोस्ट्रॉलॉजी' क्या है ?

(अ) घास का विज्ञान

(ब) ग्रहों की स्थिति के आधार पर फसल की संभावना का अध्ययन

(स) कृषिगत अर्थव्यवस्था का अध्ययन

(द) समग्र रूप में कृषि विज्ञानों का अध्ययन

409. अँधेरे में रात को साफ आकाश में नंगी आँखों से कितने तारे देखे जा सकते हैं ?

(अ) 1500 (ब) 2500

(स) 100 (द) 250

410. इनमें से किस वस्तु के पास टेपरिकॉर्डर नहीं रखना चाहिए ?

(अ) वोल्टेज स्टेबलाइजर (ब) स्विच-बोर्ड

(स) रेडियो (द) मैग्नेट (चुंबक)

411. निम्नलिखित में से किसकी गुरुत्वाकर्षण शक्ति सबसे कम रहती है ?

(अ) कॉर्क (ब) ओक

(स) बाल्सा (द) एल्युमीनियम

412. बल्ब में चमकनेवाला 'फिलामेंट' किस चीज का बना होता है ?

(अ) एल्युमीनियम (ब) टंगस्टन

(स) सिलिकॉन (द) फासफोरस

413. थुंबा भूमध्य रॉकेट प्रक्षेपण स्टेशन कब बनाया गया था ?

(अ) सन् 1957 (ब) सन् 1963

(स) सन् 1968 (द) सन् 1972

414. 'सेफ्टी पिन' का आविष्कार किसने किया था ?

(अ) वाल्टर हंट (ब) सिग्मंड फाफ

(स) जॉर्ज स्टीफेंसन (द) जुलिस वर्ने

415. लाल आभा के कारण कौन सा ग्रह रात में दूर से ही पहचाना जा सकता है ?

(अ) बृहस्पति (ब) मंगल

(स) शनि (द) बुध

416. मनुष्य के शरीर का सामान्य तापमान 98.4 फॉरेनहाइट रहता है। सेंटिग्रेड मान में यह कितना रहता है ?

उत्तर के लिए कृपया पृष्ठ सं. 151 देखें।

(अ) 39.2°　　(ब) 38.5°

(स) 36.9°　　(द) 41.2°

417. भूकंप क्षेत्र तथा तीव्रता किस स्केल से मापे जा सकते हैं ?

(अ) फिशर स्केल　　(ब) ट्रोपेच स्केल

(स) एवरी स्केल　　(द) राइटर स्केल

418. आइंस्टीन का सापेक्ष सिद्धांत प्रयोग करके कैसे सिद्ध किया जा सकता है ?

(अ) सूर्यग्रहण द्वारा　　(ब) परमाणु भंजक द्वारा

(स) चंद्रग्रहण द्वारा　　(द) अंतरिक्ष खोजी यान द्वारा

419. यद्यपि 'हाइड्रोजन बम के जनक' होने का श्रेय एक ही व्यक्ति को जाता है, लेकिन वस्तुत: इस कार्य में दो व्यक्ति लगे थे। उनके नाम बताइए।

(अ) जॉन वेन न्यूमैन तथा एडवर्ड टेलर

(ब) ओटो हान तथा लिओ स्जिलार्ड

(स) वान वेजकर तथा एडवर्ड टेलर

(द) वॉल्फगेंग पॉली तथा एनरिको फर्मी

420. किस देश में रोबोट महत्त्वपूर्ण कार्यबल है ?

(अ) अमेरिका　　(ब) इटली

(स) जापान　　(द) स्वीडन

421. एक अंतरिक्ष वर्ष में पृथ्वी के कितने वर्ष होते हैं ?

(अ) 10,00,00,000 वर्ष　　(ब) 20,00,00,000 वर्ष

(स) 25,00,00,000 वर्ष　　(द) 35,00,00,000 वर्ष

422. रात्रि के समय आकाश में कौन सा ग्रह सबसे ज्यादा चमकीला दिखाई देता है ?

(अ) बुध　　(ब) मंगल

(स) शुक्र　　(द) बृहस्पति

423. कभी-कभी दाँतों के डॉक्टरों द्वारा प्रयुक्त संवेदनाहारी (एनेस्थेटिक) को 'हास गैस' भी कहा जाता है। वास्तव में यह कौन सी गैस है ?

(अ) हीलियम　　(ब) नाइट्रस ऑक्साइड

(स) हाइड्रोजन　　(द) ओजोन

424. विज्ञान व गणित के क्षेत्र में खूब नाम कमानेवाले किस भारतीय गणितज्ञ की जन्मशती सन् 1989 में मनाई गई थी ?

उत्तर के लिए कृपया पृष्ठ सं. 151 देखें।

(अ) सर सी.बी. रमन (ब) सर जगदीशचंद्र बोस

(स) पी.सी. महालनोबिस (द) श्रीनिवास रामानुजन

425. परमाणु-विकिरण मानव शरीर के लिए बहुत ज्यादा नुकसानदेह है, लेकिन शरीर के किस अंग पर इसका प्रभाव नहीं पड़ता?

(अ) जिगर (ब) अंडकोश

(स) हृदय (द) मस्तिष्क

426. पृथ्वी के चारों ओर चक्कर लगानेवाला सबसे पुराना ग्रह कौन सा है?

(अ) स्काइलैब (ब) चैलेंजर

(स) सैल्यूट I (द) ल्यूना

427. विश्व के किस शहर में बीस हजार से भी ज्यादा पवन चक्कियाँ हैं?

(अ) अम्स्टरडैम (ब) कोपेनहेगन

(स) मैरिडा (मेक्सिको) (द) अल सल्वाडोर

428. अंतरिक्ष उपग्रह विभिन्न उद्देश्यों से अंतरिक्ष में भ्रमण करते हैं। निम्नलिखित में से कौन सा निम्नतम ऊँचाई पर है?

(अ) मौसम विज्ञान संबंधी पूर्वानुमान (ब) जासूसी

(स) संचार (द) अंतरिक्ष खोज

429. परमाणु शक्तिचालित प्रथम पनडुब्बी कौन सी थी?

(अ) ट्राइटन (ब) नॉटिलस

(स) डॉल्फिन (द) नेप्च्यून

430. हाइड्रोजन बम के विस्फोटन के कुछ वर्ष बाद परमाणु निरस्त्रीकरण अभियान किस वर्ष छेड़ा गया था?

(अ) सन् 1952 (ब) सन् 1955

(स) सन् 1958 (द) सन् 1960

431. 'विशिष्ट कंप्यूटर' क्या होता है?

(अ) यह सौंपा गया विशेष कार्य करता है

(ब) किसी भी कार्य में कोई गलती नहीं करता है

(स) जो ऑपरेटर शुरू से कंप्यूटर पर कार्य करता है, केवल उसी से ऑपरेट होता है

(द) किसी विशिष्ट व्यक्ति (VIP) द्वारा राष्ट्र या किसी अन्य योग्य उद्देश्य के लिए समर्पित कंप्यूटर

उत्तर के लिए कृपया पृष्ठ सं. 151 देखें।

432. रूसी भाषा में 'अंतरिक्ष यात्री' को क्या कहा जाता है ?
(अ) कास्मोनॉट (ब) स्पुतनिक
(स) एस्ट्रोमैन (द) कास्मोमैन

433. गुड़ में ऐसा कौन सा पौष्टिक तत्त्व होता है, जो चीनी में नहीं होता ?
(अ) लौह (ब) कैल्शियम
(स) मैग्नेशियम (द) विटामिन बी

434. निम्नलिखित में से कौन सा जीव/पशु अभी विलुप्त नहीं हुआ है ?
(अ) डोडो पक्षी (ब) डायनासॉर
(स) कोमोडो ड्रेगन (द) लंबे बालोंवाले विशाल हाथी

435. रेस्तराँ में पानी के अलावा ऐसा कौन सा पेय पदार्थ दिया जाता है, जिसमें प्रति 100 ग्राम में कैलोरी नहीं रहती है ?
(अ) वाइन (ब) क्लब सोडा
(स) कोक (द) शैंपेन

436. किस विटामिन की कमी विरले ही कभी होती है ?
(अ) ई (ब) ए
(स) के (द) डी

437. मानव शरीर में कुल कितनी हड्डियाँ होती हैं ?
(अ) 206 (ब) 215
(स) 202 (द) 205

438. चंद्रमा का प्रकाश पृथ्वी पर कितने समय में पहुँचता है ?
(अ) 2 सेकंड से अधिक (ब) 2 सेकंड से कम
(स) 8 मिनट (द) 10 मिनट

439. बॉल-प्वाइंट पेन में स्याही के अलावा और कौन सा पोषक तत्त्व रहता है ?
(अ) अलसी का तेल (ब) मूँगफली का तेल
(स) जैतून का तेल (द) एरंड का तेल

440. कमरे के तापमान (27° से.) पर दो तत्त्व तरल पदार्थ में बदल जाते हैं। इनमें से एक तत्त्व पारा है, दूसरा तत्त्व कौन सा है ?
(अ) ब्रोमाइन (ब) आयोडीन
(स) क्लोरीन (द) बेंजिन

441. कौन सा पक्षी केवल तैरते समय पंखों का इस्तेमाल करता है ?

उत्तर के लिए कृपया पृष्ठ सं. 151 देखें।

(अ) शुतुरमुर्ग (ब) कीवी

(स) पेंग्विन (द) सारस

442. सबसे भारी पदार्थ कौन सा है ?

(अ) पारा (ब) ओसमियम

(स) हीलियम (द) हाइड्रोजन

443. एल्फ्रेड नोबल के पिता इमैनुअल नोबल ने किस चीज की खोज की थी ?

(अ) प्लाईवुड (ब) टेलीविजन

(स) हाइड्रोजन बम (द) टेलीग्राफ

444. 'परम' का क्या अर्थ है ?

(अ) नाभिकीय (परमाणु) बम का कूट नाम

(ब) सुपर कंप्यूटर

(स) Y2K समस्या के संबंध में सॉफ्टवेअर समाधान

(द) वैक्यूम क्लीनर

445. शुद्ध हीरे को परखने की सबसे सरल विधि कौन सी है ?

(अ) उसमें से होकर प्रकाश गुजर जाता है

(ब) नीचे गिर जाने पर टूट जाता है

(स) पानी में डूबने पर दिखाई नहीं देता

(द) इसे खाते ही व्यक्ति मर जाता है

446. रक्त का थक्का जमाने के लिए कौन सा विटामिन जरूरी है ?

(अ) विटामिन ए (ब) विटामिन ई

(स) विटामिन के (द) विटामिन सी

447. थर्मामीटर में सबसे पहले किस वैज्ञानिक ने पारे का इस्तेमाल किया ?

(अ) सेंटीग्रेड (ब) अल्बर्ट आइंस्टीन

(स) फॉरेनहाइट (द) आइजक न्यूटन

448. प्राकृतिक रूप में पृथ्वी की सतह पर किस कारण से सबसे अधिक (35,000° सेंटिग्रेड तक) तापमान बढ़ जाता है ?

(अ) बिजली चमकना (ब) अग्नि

(स) लावा (द) गरम झरने का पानी

449. दूध में पाई जानेवाली शर्करा कौन सी होती है ?

(अ) लैक्टोज (ब) ग्लूकोज

उत्तर के लिए कृपया पृष्ठ सं. 152 देखें।

(स) फ्रक्टोज (द) इनमें से कोई नहीं

450. कौन सा रोबोट मनुष्य के समान दिखाई देता है ?

(अ) ड्यूरिड (ब) आटोमेटॉन

(स) एंड्रॉइड (द) रिवेट

451. कौन सा एसिड काँच के बरतन में नहीं रखा जा सकता है ?

(अ) सल्फाइड एसिड (ब) नाइट्रिक एसिड

(स) हाइड्रोफ्लोरिक एसिड (द) एसेटिक एसिड

452. सबसे हलकी धातु कौन सी है ?

(अ) सोना (ब) शीशा

(स) प्लेटीनम (द) ताँबा

453. सबसे भारी धातु कौन सी है ?

(अ) शीशा (ब) सोना

(स) पारा (द) प्लेटिनम

454. रसायनविद् तथा उद्योगपति अल्फ्रेड नोबल, जिनके नाम पर 'नोबल पुरस्कार' दिया जाता है, किस देश के निवासी थे ?

(अ) इटली (ब) स्वीडन

(स) अमेरिका (द) डेनमार्क

455. इत्र तथा आइसक्रीम—दोनों में कौन से फूल का उपयोग किया जाता है ?

(अ) डेजी (ब) गुलाब

(स) वैनिला (द) स्ट्रॉबेरी

456. किस आधुनिक संचार प्रौद्योगिकी में 'पोलर बियर फर' की नकल की गई है ?

(अ) इंटरनेट (ब) तंतु प्रकाशिकी

(स) वर्ल्ड वाइड वेब (www) (द) टेलीग्राफ

457. उपसर्ग 'टेली' का क्या अर्थ है ?

(अ) दूर (ब) साफ देखना

(स) स्पष्ट रूप से प्राप्त करना (द) चौड़ा (विस्तृत)

458. कंप्यूटर में कितने मेगाबाइट का एक गिगाबाइट होता है ?

(अ) 10 (ब) 1,024

(स) 2,460 (द) 1,000

उत्तर के लिए कृपया पृष्ठ सं. 152 देखें।

459. स्टेनलेस स्टील किन धातुओं के योग से बनता है ?

(अ) ताँबा, चाँदी, निकल (ब) क्रोमियम, निकल, पारा

(स) लोहा, निकल, जस्ता (द) लोहा, क्रोमियम और निकल

460. थाइमिन किस विटामिन का पर्याय है ?

(अ) विटामिन ए (ब) विटामिन के

(स) विटामिन ई (द) विटामिन बी, $_1$

461. चंद्रमा के धरातल पर पहुँचने वाला दूसरा व्यक्ति कौन था ?

(अ) एडविन एल्ड्रिन (ब) फ्रेंक कार्टर

(स) विक्टर रोड्रिंवेस (द) नील आर्मस्ट्रांग

462. वायु का वेग मापने के लिए कौन सा उपकरण प्रयोग में लाया जाता है ?

(अ) कैलोरीमापी (कैलोरीमीटर) (ब) आर्द्रतामापी (हाइग्रोमीटर)

(स) पवनमापी (एनीमोमीटर) (द) स्पेक्ट्रोफोटोमीटर

उत्तर के लिए कृपया पृष्ठ सं. 152 देखें।

10

चिकित्सा एवं शरीर विज्ञान

463. 'एड्स' बीमारी का संक्रमण किस कारण से होता है ?

(अ) वीर्य (ब) मुँह

(स) रक्त (द) स्पर्श

464. जानलेवा रोग 'थ्रोंबोसिस' वस्तुतः क्या है ?

(अ) अचानक हृदय की गति रुक जाना

(ब) मस्तिष्क की अचानक मृत्यु, जिससे हृदय कार्य करना बंद कर देता है

(स) रक्त का थक्का जम जाने से धमनी या शिरा में रुकावट आना

(द) रक्त का थक्का जम जाने से केवल धमनी में रुकावट आना

465. बेरी-बेरी रोग किसकी कमी से होता है ?

(अ) विटामिन बी (ब) विटामिन बी कॉम्प्लेक्स

(स) विटामिन सी (द) प्रोटीन

466. रक्त-संचारण रुक जाने के बाद मस्तिष्क कितनी देर तक कार्य करता है ?

(अ) 2 मिनट (ब) 90 सेकंड

(स) 3 मिनट (द) 4-5 मिनट

467. ऐसा कौन सा विटामिन है, जिसकी जरूरत शरीर को है, परंतु इसे प्रमाणित नहीं किया जा सकता है ?

(अ) विटामिन $बी_2$ (ब) विटामिन ई

(स) विटामिन के (द) बायोटिन

468. कौन सा रोग 'गिंगिविटिस' (Gingivitis) कहलाता है ?

उत्तर के लिए कृपया पृष्ठ सं. 152 देखें।

(अ) श्रवण-बाधा (ब) पैरों में खुजली

(स) मसूड़ों की सूजन (द) नाक से रक्त बहना (नकसीर)

469. अंतरराष्ट्रीय ख्यातिप्राप्त स्वास्थ्य केंद्र (रिसार्ट) मेरियनबाद किस देश में स्थित है?

(अ) जर्मनी (ब) ऑस्ट्रिया

(स) स्विट्ज़रलैंड (द) चेकोस्लोवाकिया

470. अच्छे प्रसूति अस्पतालों में डिलीवरी से कुछ हफ्ते पहले अवश्य लगाया जाने वाला इंजेक्शन कौन सा है?

(अ) बी.सी.जी. (ब) टिटनस

(स) साल्क टीका (द) सेबिन टीका

471. एंटीबायटिक स्ट्रेप्टोमाइसिन का दुष्प्रभाव पड़ने पर क्या होता है?

(अ) अतिसार (ब) स्वप्नदोष

(स) बहरापन (द) आँखों के आस-पास ब्लैक आउट

472. दृष्टि कमजोर होने पर नेत्र-विशेषज्ञ सबसे पहले जो स्नैलन चार्ट पढ़ने के लिए कहते हैं, वह कितनी दूरी से पढ़ा जाता है?

(अ) 4 मीटर (ब) 6 मीटर

(स) 5 मीटर (द) 10 मीटर

473. 'डाउंस सिंड्रोम' का प्रमुख लक्षण क्या है?

(अ) रिकेट प्रभाव दिखाई पड़ना

(ब) स्मरण शक्ति विलुप्त होना

(स) हकलाना

(द) घोर मानसिक और शारीरिक अवरोधन

474. चमगादड़ों से भरी गुफा में जाने से कौन सा रोग हो सकता है?

(अ) डिफ्थीरिया (ब) रेबीज

(स) टेटनस (द) दमा

475. मोतियाबिंद रोग से कैसे बचा जा सकता है?

(अ) सिनेरेटिया मैरीटाइमा स्यूकस की टेम्लुअर ड्रॉप डालकर

(ब) नियमित रूप से आँखों में शहद की बूँदें डालकर

(स) होम्योपैथिक दवाओं का इस्तेमाल करके

(द) किसी भी प्रकार से नहीं

उत्तर के लिए कृपया पृष्ठ सं. 152 देखें।

476. 'गाइनाकोस्मैस्टिया' (Gynaecosmastia) का क्या अर्थ है ?

(अ) महिलाओं में प्रजनन-क्षमता (ब) अंडाशय में सिस्ट

(स) महिलाओं का सपाट वक्ष (द) पुरुषों का उभरा वक्ष

477. इनमें से किस विटामिन में धातु की मात्रा बहुत कम होती है ?

(अ) विटामिन सी (ब) विटामिन डी

(स) विटामिन बी$_{12}$ (द) विटामिन ई

478. यदि किसी विशेष अवस्था पर गर्भवती महिला को खसरा हो जाता है तो डॉक्टर उसे 'गर्भपात' की सलाह देता है, क्योंकि इससे जन्म के समय बच्चे में कोई गंभीर कमी रह सकती है। वह अवस्था कौन सी है ?

(अ) 1-3 माह (ब) 7-9 मास

(स) 6-8 मास (द) किसी भी अवस्था पर

479. 'सिफालिक' आँखें क्या होती हैं ?

(अ) आँखों को भ्रम होता है

(ब) निकट दृष्टि बहुत कम होती है

(स) रेटिना को चोट पहुँचती है

(द) मोतियाबिंद के ऑपरेशन के बाद आँखों से लेंस हटा लिये जाते हैं

480. जुड़वाँ बच्चे पैदा होने की कितनी संभावना होती है ?

(अ) 1 से 1.4 प्रतिशत (ब) 2.2 से 2.5 प्रतिशत

(स) 2.5 प्रतिशत (द) 1.6 प्रतिशत

481. प्राय: रक्त के चार ग्रुप पाए जाते हैं—ए, बी, ए बी तथा ओ। इनमें से कौन सा ग्रुप किसी भी व्यक्ति को दिया जा सकता है ?

(अ) ए (ब) बी

(स) ए बी (द) ओ

482. स्वस्थ शरीर से कितनी मात्रा में मूत्र निकलना चाहिए ?

(अ) 1 लिटर (ब) 1.5 लिटर

(स) 2 लिटर (द) 2.2 लिटर

483. मनुष्य की जीभ में कितनी ग्रंथियाँ होती हैं ?

(अ) लगभग 300 (ब) लगभग 1,000

(स) लगभग 2,500 (द) लगभग 3,000

484. भारत के किस शहर में पहला मेडिकल कॉलेज खुला था ?

उत्तर के लिए कृपया पृष्ठ सं. 152 देखें।

(अ) कोलकाता (ब) पटना
(स) इलाहाबाद (द) मुंबई

485. विकास का सिद्धांत सबसे पहले किसने तैयार किया ?
(अ) प्लिनी द एल्डर (ब) अल्फ्रेड रसैल वैलेस
(स) जीन लेमार्क (द) चार्ल्स डारविन

486. स्वस्थ व्यक्ति के मूत्राशय में प्रति मिनट कितना मूत्र इकट्ठा होता है ?
(अ) 1 मि.ली. या अधिक (ब) 3 मि.ली. या अधिक
(स) 5 मि.ली. या अधिक (द) 8 मि.ली. या अधिक

487. त्वचा पर अल्ट्रावायलेट विकिरण से कौन सा विटामिन प्राप्त होता है ?
(अ) विटामिन ए (ब) विटामिन बी
(स) विटामिन डी (द) विटामिन ई

488. हमारे शरीर में आयोडीन की मात्रा में कमी हो जाने पर क्या होता है ?
(अ) शक्ति की क्षति (ब) बालों का झड़ना
(स) संधिवात रोग (द) घेंघा रोग

489. विटामिन 'के' क्या करता है ?
(अ) बालों का झड़ना रोकता है
(ब) यौन शक्ति के ह्रास को रोकता है
(स) अग्न्याशय की क्षमता बढ़ाता है
(द) रक्त जमाने में सहायता करता है

490. भारतीय ओषधि (चिकित्सा) संबंधी पहला ग्रंथ किसने लिखा ?
(अ) चरक (ब) सुश्रुत
(स) धन्वंतरि (द) अग्निवेश

491. इनमें से कौन सबसे ज्यादा रोग के कीटाणु वाहक होते हैं ?
(अ) मक्खी (ब) तिलचट्टे
(स) झींगुर (द) मच्छर

492. मानव शरीर में पित्ताशय के क्या कार्य हैं ?
(अ) यह शरीर के अवशिष्ट पदार्थों को मूत्र के द्वारा बाहर निकालता है
(ब) इससे वसा और वसा-घुलनशील विटामिन घुल जाते हैं
(स) खाली पेट का संकेत देने की प्रक्रिया में डकार आना ऑटोमेटिक अलार्म का काम करता है

उत्तर के लिए कृपया पृष्ठ सं. 152 देखें।

(द) इससे प्रोटीन पचाने में मदद मिलती है

493. मानव मस्तिष्क को ऊर्जा कहाँ से मिलती है?
(अ) ग्लूकोज (ब) फासफोरस
(स) विटामिन सी (द) विशेष प्रकार के प्रोटीन

494. विटामिन ए, बी और डी की खोज किसने की?
(अ) लाइनस पॉलिंग (ब) ई.वी. मैककॉलम
(स) डी.आर.एस. वेक्समैन (द) ई.बी. चेन

495. प्रति मिनट मानव-हृदय कितना रक्त पंप करता है?
(अ) 2.5 लीटर (ब) 4 लीटर
(स) 5 लीटर (द) 6.2 लीटर

496. किस रोग में मूत्राम्ल (यूरिक एसिड) बढ़ जाता है?
(अ) मधुमेह (ब) असंयम
(स) लीवर का सही ढंग से काम न करना (द) गाऊट

497. मानव शरीर में दूसरा सबसे बड़ा अंग कौन सा है?
(अ) हृदय (ब) यकृत
(स) त्वचा (द) गुरदा

498. परखनली शिशु के जन्म से काफी समय पूर्व आल्डस हक्स्ले ने अपनी किस पुस्तक में ऐसे शिशु की कल्पना की थी?
(अ) द थॉर्न बर्ड्स (ब) ब्रेव न्यू वर्ल्ड
(स) द फाउंटेन हेंड (द) विमेन ऑफ सब्स्टेंस

499. मानव शरीर का सबसे बड़ा अंग कौन सा है?
(अ) मस्तिष्क (ब) फेफड़े
(स) यकृत (द) त्वचा

500. इनमें से किस में रक्त की आपूर्ति नहीं होती?
(अ) कार्निया (ब) नाखून
(स) ललरी (earlobe) (द) बाल

501. इनमें से शरीर में कौन सा तत्त्व सर्वाधिक मात्रा में पाया जाता है?
(अ) मैगनीज (ब) सोडियम
(स) जिंक (द) कैल्शियम

502. किस खेल में शरीर के सभी अंग गतिशील रहते हैं?

उत्तर के लिए कृपया पृष्ठ सं. 152 देखें।

(अ) साइकिल चलाना (ब) फुटबॉल
(स) तैराकी (द) क्रिकेट

503. त्वचा का रंग किस रंजक (Pigment) पर निर्भर करता है ?
(अ) क्लोरोफिल (ब) हीमोग्लोबिन
(स) हीमोसायनिन (द) मेलेनिन

504. स्वस्थ मानव शरीर में कितना रक्त रहता है ?
(अ) 10-15 लीटर (ब) 5-10 लीटर
(स) 12-20 लीटर (द) 4-5 लीटर

505. 'छठी इंद्रीय' किसे कहते हैं ?
(अ) अंतर्ज्ञान (ब) पारेंद्रिय ज्ञान
(स) सम्मोहन (द) परामनोविज्ञान

506. सन् 1928 में पेंसिलीन की खोज किसने की थी ?
(अ) लुई पाश्चर (ब) सर एलेक्जेंडर फ्लेमिंग
(स) चार्ल्स डार्विन (द) टॉमस ए. एडीसन

507. कितनी उम्र में शिशु की आँखों से आँसू निकलने शुरू होते हैं ?
(अ) एक दिन (ब) तीन माह
(स) छह माह (द) आठ माह

508. चिंपांजी में मानव की तुलना में कितने अधिक गुणसूत्र पाए जाते हैं ?
(अ) एक (ब) दो
(स) तीन (द) चार

509. आयुर्वेद चिकित्सा का प्रसिद्ध त्रिफला किन-किन जड़ी-बूटियों का मिश्रण है ?
(अ) आँवला, बहेड़ा, मुलहठी (ब) हरड़, बहेड़ा, आँवला
(स) हरड़, आँवला, पीपर (द) बहेड़ा, हरड़, सौंठ

510. मानव शरीर के किस अंग में यूरिया का निर्माण होता है ?
(अ) फेफड़ा (ब) वृक्क
(स) आमाशय (द) अग्न्याशय

511. शरीर के किस अंग में मायोपिया रोग होता है ?
(अ) कान (ब) सीना
(स) मस्तिष्क (द) आँख

उत्तर के लिए कृपया पृष्ठ सं. 152 व 153 देखें।

512. मानव शरीर की कोशिका में गुणसूत्र की संख्या कितनी रहती है ?

(अ) 40 (ब) 38

(स) 46 (द) 56

उत्तर के लिए कृपया पृष्ठ सं. 153 देखें।

11

ख़गोल विज्ञान

513. ब्रह्मांड के विस्तार के बारे में प्रमाण प्रस्तुत करनेवाला पहला खगोलशास्त्री कौन था ?

(अ) हारलो शेपली (ब) हेनरिएट्टा एस. लीविट

(स) हेनरी रसेल (द) एडविन पी. हबल

514. दुनिया में सर्वप्रथम किसने यह दावा किया था कि पृथ्वी अपने अक्ष पर घूमती है ?

(अ) हिप्पैरकस (ब) मेटन

(स) एहमोस (द) आर्यभट्ट प्रथम

515. ज्ञात इतिहास में प्रथम महिला अंतरिक्ष यात्री का क्या नाम है ?

(अ) एनी जे. कैनन (ब) हेनरिएटा एस. लीविट

(स) कैरोलिन हर्शेल (द) जोसिलीन बेल

516. रेडियो टेलीस्कोप सबसे पहले किसने बनाया ?

(अ) कार्ल जांस्की (ब) बर्नार्ड लोवेल

(स) ग्रोटे रेबर (द) हेनरिक वॉन डि हल्स्ट

517. विश्व का प्रथम आधुनिक तारामंडल (प्लेनेटोरियम) कहाँ स्थापित किया गया ?

(अ) लंदन (ब) मॉस्को

(स) न्यूयॉर्क (द) बॉन

518. प्रथम कृत्रिम उपग्रह कौन सा था ?

(अ) मेरिनर-1 (ब) सर्वेयर-1

उत्तर के लिए कृपया पृष्ठ सं. 153 देखें।

(स) लूनिक-1 (द) वॉयजर-1

519. खगोलीय विधि से प्रकाश का गति-निर्धारण किसने किया?
(अ) गैलीलियो गैलिली (ब) जेम्स ब्रेडली
(स) ई.डब्ल्यू. मॉर्ली (द) ओलॉस रीमर

520. नेप्च्यून की खोज किसने की?
(अ) जे.जी. गैले (ब) जे.सी. एडंस
(स) अरबेन लेवेरियर (द) क्लाइड टॉमबॉ

521. पृथ्वी पर पाए जाने से बहुत समय पहले ही सूर्य में हीलियम तत्त्व पाए जाने की खोज किसने की?
(अ) नॉर्मन लॉकीर (ब) पियरे जेनसेन
(स) गुस्ताव किरचॉफ (द) विलियम रैम्से

522. सौरमंडल के अजीबो-गरीब सदस्य 'चिरॉन' की खोज किसने की?
(अ) जे. हेडली रॉबिंसन (ब) चार्ल्स कोवल
(स) जे.ई. बोड (द) जॉन हर्शेल

523. मंगल ग्रह के चंद्रमाओं की खोज किसने की?
(अ) टाइको ब्राहे (ब) एसफ हॉल
(स) ई.एम. एंटोनियाडी (द) मिखाइल लोमोनोसोव

524. सौर विकिरण मापने के एक यंत्र बोलोमीटर का आविष्कार किसने किया?
(अ) सैमुएल पी. लैंग्ली (ब) विलियम क्रुक्स
(स) जोसेफ डब्ल्यू. स्वान (द) विलियम थॉमसन

525. साइडिंग स्प्रिग वेधशाला (ऑब्जर्वेटरी) कहाँ स्थित है?
(अ) नीदरलैंड (ब) ऑस्ट्रेलिया
(स) मेक्सिको (द) हवाई

526. पार्क्स रेडियो टेलीस्कोप कहाँ स्थित है?
(अ) आयरलैंड (ब) ऑस्ट्रेलिया
(स) डेनमार्क (द) फ्रांस

527. कौन सा यंत्र सौरमंडल में ग्रहों और चंद्रमा की गति को दरशाता है?
(अ) तारामंडल (ब) सिडरोस्टैट
(स) ओररी (द) इस तरह का कोई यंत्र नहीं है

528. खगोलीय फोटोग्राफी के लिए किस यंत्र की मदद ली जाती है?
(अ) स्पेक्ट्रोग्राफ (ब) एस्ट्रोग्राफ

उत्तर के लिए कृपया पृष्ठ सं. 153 देखें।

(स) फोटोमीटर (द) क्वाड्रैंट

529. पृथ्वी पर जीवन का अस्तित्व ब्रह्मांड की बनावट को दरशाता है। इस कथन को क्या कहते हैं?
(अ) चंद्रशेखर लिमिट (ब) एंथ्रोपिक सिद्धांत
(स) टिपलर नियम (द) आर्यभट्ट सिद्धांत

530. इनमें से किस इकाई से सौरमंडल के अंदर की दूरियाँ मापी जाती हैं?
(अ) प्रकाशवर्ष (ब) पार्सेक
(स) किलोमीटर (द) खगोलीय इकाई

531. चंद्रमा की उत्पत्ति का स्रोत क्या है?
(अ) पृथ्वी
(ब) लघुग्रह
(स) सौरमंडल का उत्पादक नव तारा
(द) अब तक कुछ स्पष्ट नहीं है

532. चंद्रमा की आयु लगभग कितनी है?
(अ) 4600 मिलियन साल (ब) 3600 मिलियन साल
(स) 5600 मिलियन साल (द) 2600 मिलियन साल

533. कौन सा ग्रह सूर्य का एक चक्कर 88 दिन में पूरा करता है?
(अ) बुध (ब) शनि
(स) शुक्र (द) यूरेनस

534. पृथ्वी की कक्षा का सबसे नजदीकी ग्रह कौन सा है?
(अ) बुध (ब) बृहस्पति
(स) मंगल (द) शुक्र

535. सूर्य को अपने अक्ष पर एक चक्कर लगाने में कितना समय लगता है?
(अ) लगभग 24 घंटे (ब) लगभग 11 घंटे
(स) लगभग 11 दिन (द) लगभग 24 दिन

536. इनमें से कौन सा प्रसिद्ध तार दरअसल छह तारों से मिलकर बना है?
(अ) रीगेल (ब) कैस्टर
(स) फोमलहॉट (द) अल्डेबारान

537. सूर्य का सबसे नजदीकी तारा कौन सा है?
(अ) बीटा सेंटॉरी (ब) प्रॉक्सिमा सेंटॉरी
(स) 3 सेंटॉरी (द) अल्फा सेंटॉरी

उत्तर के लिए कृपया पृष्ठ सं. 153 देखें।

12

गणित

538. रोमन अंकों की तुलना में अरबी अंक बेहतर क्यों माने जाते हैं ?
(अ) रोमन अंक दशमलव में इस्तेमाल नहीं किए जा सकते
(ब) अरबी अंक पढ़ने में आसान हैं
(स) क्रम में अरबी अंक आसानी से गुणन रूप में बदले जा सकते हैं
(द) अरबी अंकों में 'शून्य' (जीरो) है

539. 'डाडिकेगॉन' बहुभुज में कितनी भुजाएँ होती हैं ?
(अ) सात (ब) नौ
(स) दस (द) बारह

540. हम सबसे ज्यादा अंधकारमय युग 'कलि' में जी रहे हैं। अभी कितने वर्षों तक कलियुग रहेगा ?
(अ) 8,000 वर्ष (ब) 80,000 वर्ष
(स) 167,500 वर्ष (द) 432,000 वर्ष

541. मेधावी व्यक्ति की बुद्धिलब्धि एक सौ चालीस रहती है। सामान्यत: बुद्धिमान् व्यक्ति की बुद्धिलब्धि (IQ) कितनी रहती है ?
(अ) लगभग 100 (ब) 115
(स) 80 (द) 75

542. अंग्रेज गणितज्ञ जॉर्ज बूले ने बूलियन बीजगणित (एल्जेब्रा) का आविष्कार कब किया था ?
(अ) सन् 1827 (ब) सन् 1850
(स) सन् 1896 (द) सन् 1907

उत्तर के लिए कृपया पृष्ठ सं. 153 देखें।

543. 'समलंब' में कितनी भुजाएँ होती हैं?

(अ) 3 (ब) 4

(स) 5 (द) 6

544. कितनी एकड़ भूमि सौ हेक्टेयर के बराबर होती है?

(अ) 157 एकड़ (ब) 204 एकड़

(स) 225 एकड़ (द) 247 एकड़

545. इनमें से कौन सा गणितज्ञ कम-से-कम चार शताब्दी पहले था?

(अ) आर्यभट्ट (ब) ब्रह्मगुप्त

(स) महावीर (द) भास्कर

546. किस गणितज्ञ ने कहा था कि वह दैव-सहायता (कृपा) से गणित के सवाल हल करता है?

(अ) ब्रह्मगुप्त (ब) वराहमिहिर

(स) रामानुजन (द) पाइथागोरस

547. हेक्टोमीटर क्या है?

(अ) 10 मीटर (ब) 100 मीटर

(स) 10 किलोमीटर (द) 100 किलोमीटर

548. रोमन अंक गणना में वर्णमाला के कुल कितने वर्ण होते हैं?

(अ) 4 (ब) 5

(स) 6 (द) 7

549. 'शून्य' की संकल्पना पहले से ही मौजूद थी, लेकिन सबसे पहले किसने इसे 'संख्या' माना?

(अ) कनड (ब) ब्रह्मगुप्त

(स) आर्यभट्ट (द) कपिल

550. सूर्य का प्रकाश कितने समय में पृथ्वी पर पहुँचता है?

(अ) 5 मिनट (ब) 10 मिनट

(स) 15 मिनट (द) 8 मिनट

551. चंद्रमा कितनी अवधि में पृथ्वी का एक चक्कर पूरा करता है?

(अ) 27.3 घंटे (ब) 27.3 दिन

(स) 15 दिन (द) 7 दिन

552. कौन सी संख्या फिबोनेसी संख्या नहीं है?

उत्तर के लिए कृपया पृष्ठ सं. 153 देखें।

(अ) 1 (ब) 4

(स) 8 (द) 21

553. भारत में मीट्रिक (माप) प्रणाली कब शुरू हुई?

(अ) सन् 1947 में (ब) सन् 1950 में

(स) सन् 1920 में (द) सन् 1958 में

554. सेंटिग्रेड स्केल पर सामान्य तापमान कितना रहता है?

(अ) 37° (ब) 36.5°

(स) 38.8° (द) 38°

555. भारत का सबसे ठंडा क्षेत्र कौन सा है, जहाँ पर न्यूनतम तापमान –45° सेंटिग्रेड होता है?

(अ) श्रीनगर (ब) द्रास

(स) सियाचिन (द) लद्दाख

556. अपनी दिमागी गणना-शक्ति का मंचीय प्रदर्शन करनेवाला प्रथम व्यक्ति कौन था?

(अ) शकुंतला देवी (ब) जेरा कोलबर्न

(स) जॉर्ज पार्कर बिडर (द) एलेक्जेंडर क्रेग एटकेन

557. तोपों के विज्ञान में गणित का उपयोग करनेवाला प्रथम गणितज्ञ कौन था?

(अ) निकोलो तारतागलिया (ब) गैलीलियो गैलिली

(स) डायोफैंट्स (द) आर्किमिडीज

558. π (पाई) का सबसे नजदीकी मान निकालनेवाला पहला गणितज्ञ कौन था?

(अ) अल-काशी (ब) आर्यभट्ट

(स) त्सु-चुँग-चिह (द) क्लॉडियस टोलेमी

559. महान् बीजगणितज्ञ एवं ज्योतिषी आर्यभट्ट का जीवन-काल कब माना जाता है?

(अ) चौथी सदी (ब) चौथी सदी से पूर्व

(स) पाँचवीं सदी से पूर्व (द) आठवीं सदी

560. यह किसने प्रमाणित किया कि π^2 अपरिमेय है?

(अ) जोहान हेनरिक लैंबर्ट (ब) एड्रियन-मेरी लीगेंद्रे

(स) डी.एफ. फर्ग्यूसन (द) विलियम शैंक्स

उत्तर के लिए कृपया पृष्ठ सं. 153 देखें।

561. 'गणितज्ञों का गणितज्ञ' किसे कहते हैं ?

(अ) ऑर्थर केली

(ब) नील्स हेनरिक एबेल

(स) लॉरेंजो मैस्केरॉनी

(द) रेने डेकार्ट

562. निम्नलिखित में से कौन सी संख्या महान् भारतीय गणितज्ञ एस. रामानुजन से जुड़ी है ?

(अ) 5777

(ब) 2620

(स) 1729

(द) 496

563. $\sqrt{\frac{(s-a)(s-b)(s-c)}{s}}$ [जहाँ a, b और c त्रिभुज की भुजाओं की लंबाइयाँ हैं और $s = \frac{1}{2}(a + b + c)$] निम्नांकित में से किसकी त्रिज्या है ?

(अ) त्रिभुज के अंदर के वृत्त की

(ब) त्रिभुज के परिमित वृत्त की

(स) त्रिभुज के बहिर्वृत्त

(द) उपर्युक्त में से कोई नहीं

564. प्रतीक '< और >' किसने दिया ?

(अ) थॉमस हैरिएट

(ब) आगस्टस डि मॉरगन

(स) विलियम ऑटरेड

(द) रिचर्ड डेलामेन

565. बराबर का प्रतीक '=' किसकी देन है ?

(अ) रॉबर्ट रिकॉर्ड

(ब) ब्रह्मगुप्त

(स) फ्रेंकोइस विएत

(द) अनाम

566. 'एक दशक' कितना होता है ?

(अ) 10 वर्ष

(ब) 100 वर्ष

(स) 15 वर्ष

(द) 25 वर्ष

567. 9 को दरशाने के लिए किस उपसर्ग का इस्तेमाल किया जाता है ?

(अ) नैनो

(ब) नोना

(स) नॉन

(द) उपर्युक्त सभी

उत्तर के लिए कृपया पृष्ठ सं. 153 देखें।

13

जीव-जंतु

568. दुनिया का सबसे बड़ा जानवर कौन सा है ?
(अ) सिब्बल्ड का रोरक्वैल *(बालेनोप्तेरा मुस्कुलुस)*
(ब) अफ्रीकी हाथी *(लोक्सोदोंता आफ्रीकाना)*
(स) नरव्हाल *(देल्फिनाप्तेरुस लेउकस)*
(द) जोरिला *(इक्तोनिक्स स्त्रिआतुस)*

569. वर्तमान में पाया जाने वाला सबसे बड़ा पक्षी कौन सा है ?
(अ) कनाडा का विशाल हंस *(ब्रांता कनादेंसिस माक्सिमा)*
(ब) शुतुरमुर्ग *(स्त्रूतिओ कामेलुस)*
(स) विशाल मोआ पक्षी *(दिनोर्निस माक्सिमुस)*
(द) टोपी वाला गिद्ध *(नेओफ्रोन मोनाकुस)*

570. किस जानवर की उम्र अब तक सबसे ज्यादा लंबी दर्ज की गई है ?
(अ) अफ्रीकी हाथी *(लोक्सोदोंता आफ्रीकाना)*
(ब) गालपागोस कछुआ *(तेस्तुदो एलेफांतोपुस)*
(स) स्पर्म ह्वेल *(फिसेतेर कातोदोन)*
(द) कीवी *(आप्तेरिक्स आउस्त्रालिस)*

571. विश्व का सबसे बड़ा सरीसृप कौन सा है ?
(अ) एस्चुअरी का मगरमच्छ *(क्रोकोदिलुस पोरोसुस)*
(ब) अजगर *(बोआ कोन्स्त्रिक्तोर)*
(स) गिला मॉन्स्टर *(हेलोदेर्मा सुस्पेक्तुम)*
(द) विशाल मेखलावाली छिपकली *(कोर्दिलुस जिगांतेउस)*

उत्तर के लिए कृपया पृष्ठ सं. 153 व 154 देखें।

572. विश्व का सबसे लंबा जहरीला सर्प कौंन सा है ?
(अ) किंग कोबरा *(ओफिओफागुस हन्ना)*
(ब) एस्प वाइपर *(विपेरा आस्पिस)*
(स) विदूषक कोरल स्नेक *(मीक्रूरुस फुल्विउस)*
(द) इनमें से कोई नहीं

573. किस जीव की घ्राण शक्ति सबसे तेज होती है ?
(अ) पूर्वी जंगली चूहा *(नेओतोमा फ्लोरिदाना)*
(ब) सुनहरी गिलहरी *(चितेल्लुस लातेरलिस)*
(स) नर पतंगा *(एउदिआ पावोनिआ)*
(द) वाइपर ग्रास स्नेक (नात्रिक्स माउरा)

574. किस स्तनधारी जीव की गर्भधारण की अवधि सबसे लंबी होती है ?
(अ) ध्रुवीय भालू *(तालार्क्तोस मारितिमुस)*
(ब) लाल कोलोबस बंदर *(कोलोबुस बादिउस)*
(स) एशियाई हाथी *(एलेफास माक्सिमुस)*
(द) उपर्युक्त सभी

575. किस स्तनधारी जीव की आयु सबसे कम होती है ?
(अ) छछूँदर (ब) फेरेट
(स) कैमॉइस (द) घूस

576. हिरण के मांस को क्या कहा जाता है ?
(अ) बेकन (ब) वेनिसन
(स) हैगिस (द) चिकन

577. पूर्व सोवियत संघ में फौजियों की पोशाक में अस्तर लगाने के लिए किस जानवर का फर प्रयुक्त होता था ?
(अ) चिनचिल्ला चूहा *(आब्रोकोमा चिनेरेआ)*
(ब) रैकून कुत्ता *(निक्तेरेउतेस प्रोचिओनोइदेस)*
(स) आर्कटिक लेमिंग *(दिक्रोस्तोनिक्स तोर्कुआतुस)*
(द) ऐसा नहीं था

578. किस जानवर से पशमीना ऊन मिलता है ?
(अ) बरबरी भेड़ *(अमोरोत्रागुस लेर्विआ)*
(ब) साइबेरियाई साकिन *(काप्रा इबेक्स सिबिरिका)*
(स) मारखोर *(काप्रा फाल्कोनेरी)*

उत्तर के लिए कृपया पृष्ठ सं. 154 देखें।

(द) यूरोपीय वनबिलाव *(लिंक्स लिंक्स)*

579. 'ड्रे' किस जानवर के घर को कहते हैं ?

(अ) सियार (ब) गिलहरी

(स) मैरमॉट (द) सील

580. एंफीबिया का क्या अर्थ होता है ?

(अ) पानी में रहना (ब) दो जीवन होना

(स) शल्कधारी (द) शल्क रहित होना

581. कतरनिया घाट मगरमच्छ अभयारण्य कहाँ स्थित है ?

(अ) विशाखापत्तनम (आंध्र प्रदेश) (ब) औरंगाबाद (महाराष्ट्र)

(स) बहराइच (उत्तर प्रदेश) (द) देहरादून (उत्तरांचल)

582. व्याघ्र-दर्शन के लिए सबसे अच्छा स्थान भारत के किस व्याघ्र रिजर्व को माना जाता है ?

(अ) रणथंभौर व्याघ्र अभयारण्य (राजस्थान)

(ब) कान्हा राष्ट्रीय उद्यान (मध्य प्रदेश)

(स) मनास व्याघ्र रिजर्व (असम)

(द) उपर्युक्त में से कोई नहीं

583. कुत्ते क्यों हाँफते हैं ?

(अ) उनमें स्वेद-ग्रंथि नहीं होती है, इसलिए मुँह के जरिए पानी को वाष्पीकृत करने के बाद वे ठंडे होते हैं

(ब) यह वेदना की अभिव्यक्ति है

(स) किसी मुश्किल व्यायाम के बाद भरपूर हवा मुँह में भरने के लिए

(द) अधिक-से-अधिक ऑक्सीजन ग्रहण करने के लिए

584. रूप विज्ञान (मॉर्फोलॉजी) क्या है ?

(अ) मृत जीव के ऊतकों का अध्ययन

(ब) जीवों पर ओषधि के प्रभाव का अध्ययन

(स) सजीवों की आकृति का अध्ययन

(द) उपर्युक्त सभी

585. भारतीय पैंगोलिन किसे कहते हैं ?

(अ) फेलिडी परिवार की जंगली बिल्ली

(ब) चींटी खानेवाला मिरमीकोफैगिडी परिवार का शल्कदार जीव

(स) हिस्ट्रीसिडी परिवार का सेही

उत्तर के लिए कृपया पृष्ठ सं. 154 देखें।

(द) पानी में रखनेवाला ऊदबिलाव

586. निम्न में से समुद्री गाय (सी काउ) क्या है ?

(अ) साइरेनियन वर्ग या जलीय स्तनधारी

(ब) सेलासिमोर्फा वर्ग की छह गलफड़ेवाली शार्क

(स) सेटासी वर्ग की राइट ह्वेल

(द) उपर्युक्त सभी

587. लंगूर कुल का सबसे सुंदर और दुर्लभ प्राणी 'स्वर्णिम लंगूर' है। यह कहाँ पाया जाता है ?

(अ) थिंफू (भूटान) (ब) बाली

(स) असम (भारत) (द) मलाया

588. किस नर वानर का मस्तिष्क सबसे विकसित होता है ?

(अ) बर्बर वनमानुष *(मकाका इनुआ)*

(ब) पवित्र बबून *(पापिओ हामाद्रिआस)*

(स) चिंपांजी *(पान त्रोग्लोदितेस)*

(द) चीखनेवाला लाल बंदर *(अलोउत्ता सेनिकुलुस)*

589. 'इंपाला' एक कार कंपनी के अलावा किस जीव का नाम है ?

(अ) हिरण *(एपिचेरोस मेलाम्पुस)*

(ब) घोड़ा *(एक्यूस इंपालायानुस)*

(स) चील *(इंपालातुस इसिदोरि)*

(द) ऊदबिलाव *(चिनोगाले बेन्नेत्ती)*

590. जिराफ की गरदन में कितनी हड्डियाँ होती हैं ?

(अ) 23 (ब) 7

(स) 110 (द) 18

591. पक्षियों के दाँत नहीं होते हैं। अतः पाचन के पूर्व उनका भोजन कहाँ तोड़ा जाता है ?

(अ) पेषणी (गिजार्ड) में (ब) गले में

(स) आमाशय में (द) अग्न्याशय में

592. कौन सी चिड़िया हमलावरों को गुमराह करने के लिए अपनी आवाज बदल सकती है ?

(अ) ग्रेब्स (पोडिसिपिडीफॉर्म्स) (ब) बिटर्न (सिकोनिफॉर्म्स)

(स) कैसोवरी (द) अल्बाट्रास

उत्तर के लिए कृपया पृष्ठ सं. 154 देखें।

14

कंप्यूटर-इंटरनेट

593. आंकिक और तार्किक पदों को अभिव्यक्त करनेवाली प्रक्रियाओं को नियंत्रित करने या गणना करनेवाले एक स्वचालित इलेक्ट्रॉनिक उपकरण को क्या कहा जाता है ?

(अ) टेलीफोन (ब) टेलीविजन
(स) रेडियो (द) कंप्यूटर

594. कंप्यूटर के आविष्कार का मौलिक उद्देश्य क्या था ?

(अ) तेज गणना करनेवाली मशीन का निर्माण
(ब) मौसम की जानकारी देनेवाली मशीन का निर्माण
(स) रेल-आरक्षण के लिए टिकट बनानेवाली मशीन का निर्माण
(द) चोर पकड़नेवाली मशीन का निर्माण

595. प्रथम यांत्रिक गणना मशीन का आविष्कार किसने किया ?

(अ) ब्लेज पास्कल (ब) ग्लेज पास्कल
(स) स्वेज पास्कल (द) ब्लेजर पास्कल

596. प्रथम मेकैनिकल कंप्यूटर, जिसने आधुनिक कंप्यूटर की नींव डाली, क्या था ?

(अ) स्टीम इंजन (ब) एनालिटिकल इंजन
(स) तेल इंजन (द) बिजली इंजन

597. 'कंप्यूटर का पिता' किसे कहा जाता है ?

(अ) चार्ल्स बैबेज (ब) हॉलरिथ
(स) जेकुआर्ड (द) बिल गेट्स

उत्तर के लिए कृपया पृष्ठ सं. 154 देखें।

598. कंप्यूटर के इतिहास में विश्व का प्रथम प्रोग्रामर किसे माना जाता है ?
(अ) लेडी एडा लवलेस (ब) लेडी चैटर्ली
(स) लेडी फिंगर (द) लेडी जेम्स

599. प्रथम विद्युत् कंप्यूटर का क्या नाम था ?
(अ) मार्क–I (ब) पायनियर–I
(स) एप्पल–I (द) इंटेल–I

600. कंप्यूटर में लगे पुरजों के आधार पर उन्हें कितनी पीढ़ियों में बाँट सकते हैं ?
(अ) 4 (ब) 5
(स) 6 (द) 7

601. सन् 1990–2000 के दशक में किस दर से विश्व की आबादी बढ़ी है ?
(अ) प्रति सेकंड एक बच्चे का जन्म
(ब) प्रति तीन सेकंड में एक बच्चे का जन्म
(स) प्रति सेकंड दो बच्चे का जन्म
(द) प्रति सेकंड तीन बच्चों का जन्म

602. डिजिटल कंप्यूटर के वर्गों के क्या नाम हैं ?
(अ) माइक्रो कंप्यूटर, मिनि कंप्यूटर, मेनफ्रेम कंप्यूटर और सुपर कंप्यूटर
(ब) मैक्रो कंप्यूटर, बिग कंप्यूटर, फ्रेमलेस कंप्यूटर और अपर कंप्यूटर
(स) डिजिटल कंप्यूटर, स्माल कंप्यूटर, मेनफ्रेम कंप्यूटर और माइक्रो कंप्यूटर
(द) मिनि कंप्यूटर, अपर कंप्यूटर, डिजिटल कंप्यूटर और फ्रेमलेस कंप्यूटर

603. माइक्रो कंप्यूटर की इंटरनल मेमोरी कितनी होती है ?
(अ) 256 KB (ब) 250 KB
(स) 250 KB (द) 260 KB

604. इनपुट के आधार पर कंप्यूटर कितने प्रकार के होते हैं ?
(अ) एक (ब) दो
(स) तीन (द) चार

605. पहला पर्सनल कंप्यूटर किसने बनाया ?
(अ) एप्पल (ब) माइक्रोसॉफ्ट

उत्तर के लिए कृपया पृष्ठ सं. 154 देखें।

(स) कोरल (द) आई.बी.एम.

606. चिप क्या है ?

(अ) एक घटक, जिसपर बड़ी मात्रा में इलेक्ट्रॉनिक परिपथ (सर्किट) बने होते हैं

(ब) एक पत्रिका

(स) आलू के वैफर

(द) इनमें से कोई नहीं

607. ASCII किसका संक्षिप्त रूप है ?

(अ) अमेरिकन स्टैंडर्ड कोड फॉर इन्फॉर्मेशन इंटरचेंज

(ब) एशियन स्टैंडर्ड कोड फॉर इन्फॉर्मेशन इंटरचेंज

(स) अफ्रीकन स्टैंडर्ड कोड फॉर इन्फॉर्मेशन इंटरचेंज

(द) ऑस्ट्रेलियन स्टैंडर्ड कोड फॉर इन्फॉर्मेशन इंटरचेंज

608. कंप्यूटर का नियंत्रण केंद्र किसे कहा जाता है ?

(अ) सेंट्रल प्रोसेसिंग यूनिट (ब) मॉनिटर

(स) की-बोर्ड (द) प्रिंटर

609. उस विश्वस्तरीय व्यवस्था को क्या कहते हैं जो विश्व में फैले कंप्यूटरों को मोडम के द्वारा आपस में जोड़ने का काम करती है ?

(अ) टेलीफोन (ब) टेलीप्रिंटर

(स) उपग्रह (द) इंटरनेट

610. प्रोटोकॉल क्या है ?

(अ) सूचित करने के लिए सॉफ्टवेअर उपकरणों के द्वारा प्रयुक्त होनेवाली एक स्कीम

(ब) सूचित करने के लिए हार्डवेअर के द्वारा प्रयुक्त होनेवाली एक स्कीम

(स) सूचित करने के लिए कंप्यूटर के द्वारा प्रयुक्त होनेवाली एक स्कीम

(द) उपर्युक्त में से कोई नहीं

611. इंटरनेट प्रोटोकॉल (IP) का क्या कार्य है ?

(अ) डाटा पैकेट पर मंजिल की पता-संबंधी सूचना लगाना

(ब) डाटा ब्लॉक को छोटे-छोटे डाटा पैकेट में बाँटना

(स) दोनों कथन सत्य हैं

उत्तर के लिए कृपया पृष्ठ सं. 154 देखें।

(द) दोनों कथन असत्य हैं

612. डाकघर की तरह काम करनेवाले उस उपकरण को क्या कहते हैं। जो डाटा पैकेट को गंतव्य का पता बताता है?

(अ) कंप्यूटर (ब) रूटर
(स) प्रिंटर (द) कॉलर

613. उपयोक्ता को मिला अनुमति प्राप्त (पासवर्ड) क्षेत्र क्या कहलाता है?

(अ) लॉगइन/एकाउंट (ब) लॉग आउट
(स) पासवर्ड (द) यूज़रनेम

614. मात्र एक उपयोक्ता के लिए आरक्षित भू-आधारित फोन लाइन क्या कहलाती है?

(अ) T लाइन (ब) लीज्ड लाइन
(स) माइक्रोवेव (द) उपर्युक्त में से कोई नहीं

615. उपयोक्ता को इंटरनेट से जुड़ने के लिए किन चीजों की जरूरत पड़ती है?

(अ) टेलीफोन, टेलीविजन, टेलीप्रिंटर (ब) टेलीफोन, मोडम, उपग्रह
(स) टेलीफोन, मोडम, कंप्यूटर (द) कंप्यूटर, स्कैनर, प्रिंटर

616. w.w.w. का पूर्ण रूप क्या है?

(अ) वेस्ट वाइल्ड रेस्लर (ब) वर्ल्ड वाइड वेब
(स) वर्ल्ड वाइड वीडिंग (द) वर्ल्ड वाइड रेस्लिंग

617. http का पूर्ण रूप क्या है?

(अ) हाइपर टेक्स्ट ट्रांसफर प्रोटोकॉल (ब) हाइपर टेक्स्ट ट्रेनिंग पोल
(स) हेवी टेली टेक्स्ट प्रोग्राम (द) हाइपर टेली टेक्स्ट प्रोमो

618. किस कंप्यूटर में सूचना का निर्धारण 'ऑन' या 'ऑफ' की इलेक्ट्रॉनिक स्थिति से होता है?

(अ) एनालॉग कंप्यूटर (ब) डिजिटल कंप्यूटर
(स) हाइब्रिड कंप्यूटर (द) इनमें से कोई नहीं

619. बिट क्या है?

(अ) कंप्यूटर की सबसे बड़ी इकाई
(ब) कंप्यूटर की सबसे छोटी इकाई
(स) कंप्यूटर की मझली इकाई
(द) इनमें से कोई नहीं

उत्तर के लिए कृपया पृष्ठ सं. 154 व 155 देखें।

620. बिजली के बाधित होने पर गुम होनेवाली मेमोरी क्या कहलाती है ?
(अ) वोलाटाइल मेमोरी (ब) नॉन वोलाटाइल मेमोरी
(स) रैंडम मेमोरी (द) रीड मेमोरी

621. मेमोरी का जो हिस्सा डॉस द्वारा आरक्षित किया जाता है उसे क्या कहते हैं ?
(अ) बेस मेमोरी (ब) शैडो मेमोरी
(स) रीड मेमोरी (द) रिजर्व मेमोरी

622. फ्लॉपी डिस्क किस चीज का बना होता है ?
(अ) यह लचीली प्लास्टिक सामग्री की बनी होती है
(ब) यह कड़े प्लास्टिक सामग्री की पतली चकती है
(स) यह लचीले प्लास्टिक सामग्री की मोटी चकती है
(द) इनमें से कोई नहीं

623. टी.पी.आई. किस चीज को दरशाता है ?
(अ) फ्लॉपी की क्षमता (ब) ट्रैक की क्षमता
(स) सेक्टर की क्षमता (द) पाथ की क्षमता

624. मॉनिटर पर दिख रहे सॉफ्टवेयर के मेन्यु को रन कराने के लिए क्या करना होता है ?
(अ) स्क्रीन को स्पर्श (टच) करना (ब) बिजली चालू करना
(स) बैटरी चालू करना (द) कमांड देना

625. CGA का पूर्ण रूप क्या है ?
(अ) कलर ग्राफिक्स एडेप्टर (ब) कोरल ग्राफिक्स एडेप्टर
(स) कलर ग्राफिक्स एड (द) कोरल ग्राफिक्स एड

626. मॉनिटर पर एक इंच में जितने डॉट मिलकर एक अक्षर का निर्माण करते हैं वह डॉट इसका क्या कहलाता है ?
(अ) पिक्सेल (ब) इंटेन्सिटी
(स) रिजोल्यूशन (द) यूटिलिटी

627. कंप्यूटर की समस्त सूचनाएँ देखने के लिए जिस डिवाइस का उपयोग किया जाता है उसे क्या कहते हैं ?
(अ) मॉनिटर (ब) टेलीविजन
(स) स्क्रीन (द) परदा ⊡

उत्तर के लिए कृपया पृष्ठ सं. 155 देखें।

15

खेल

628. सन् 1978 में विश्व हैवीवेट प्रतियोगिता में मुहम्मद अली को किसने हराया था ?

(अ) लैरी होम्स (ब) लियॉन स्पिंक

(स) टियोफिलो स्टीवैस्न (द) माइक टायसन

629. जूडो में 'शियाजो' का क्या अर्थ है ?

(अ) रेफरी (ब) प्रतिद्वंद्वी

(स) फाइटिंग क्षेत्र (द) द ब्लैक बेल्ट

630. भारत ने ओलंपिक खेलों में हॉकी में स्वर्ण पदक किस वर्ष जीता था ?

(अ) सन् 1976 (ब) सन् 1980

(स) सन् 1984 (द) सन् 1964

631. हॉकी मैच खेलने के लिए सामान्यत: कितना समय निश्चित है ?

(अ) 60 मिनट (ब) 70 मिनट

(स) 75 मिनट (द) 90 मिनट

632. किस भारतीय खिलाड़ी को अंतरराष्ट्रीय हॉकी में एक हजार से भी अधिक 'गोल' दागने का श्रेय प्राप्त है ?

(अ) अजितपाल सिंह (ब) रूप सिंह

(स) ध्यानचंद (द) जयपाल सिंह

633. किस वर्ष प्रकाश पादुकोण ने ऑल इंग्लैंड बैडमिंटन खिताब जीता था ?

(अ) सन् 1976 (ब) सन् 1978

(स) सन् 1980 (द) सन् 1982

उत्तर के लिए कृपया पृष्ठ सं. 155 देखें।

634. पेरियार खेल अभयारण्य किस राज्य में स्थित है ?

(अ) कर्नाटक (ब) तमिलनाडु

(स) केरल (द) गुजरात

635. विश्व में सबसे कम आयु का हैवीवेट मुक्केबाज चैंपियन कौन है ?

(अ) माइक टायसन (ब) कैशियस कले

(स) जो लुईस (द) लियोन स्पिन्स्क

636. टेनिस में आठ बार विंबलडन खिताब जीतनेवाली महान् खिलाड़ी का क्या नाम है ?

(अ) मार्टिना नवरातिलोवा (ब) बिली जीन किंग

(स) हैलेन विल्स मूडी (द) इवॉन गुलागांग

637. इनमें से किस जिमनास्ट को ओलंपिक खेलों में पूरे 10 अंक मिले थे ?

(अ) वेरा कस्लावस्का (ब) लुडमिला तोरिश्चेव

(स) नाडिया कॉमानेकि (द) लि निंज

638. तैराकी में कौन सा स्ट्रोक सबसे धीमा होता है ?

(अ) फ्रीस्टाइल (ब) बैकस्ट्रोक

(स) ब्रेस्टस्ट्रोक (द) बटरफ्लाई

639. रोजर बेनिस्तर ने सबसे पहले सन् 1954 में एक मील की दूरी चार मिनट में दौड़कर तय की थी। बाद में उसे कौन सा पद मिला था ?

(अ) तेज दौड़ के लिए इंग्लैंड का कोच

(ब) बोर्ड ऑफ ट्रेड के अध्यक्ष

(स) ऑक्सफोर्ड कॉलेज के अध्यक्ष (प्रेसीडेंट)

(द) चेयरमैन, लॉयड्स बैंक

640. एशियाई खेलों का आरंभ कब हुआ ?

(अ) सन् 1948 (ब) सन् 1951

(स) सन् 1953 (द) सन् 1954

641. क्रिकेट में किस खिलाड़ी ने कप्तान के रूप में सबसे ज्यादा टेस्ट मैच खेलने का रिकॉर्ड बनाया ?

(अ) इमरान खान (ब) क्लाइव लॉयड

(स) डब्ल्यू.जी. ग्रेस (द) ग्रेग चैपल

642. ओलंपिक खेलों में तैराकी प्रतियोगिता किस वर्ष शामिल की गई ?

उत्तर के लिए कृपया पृष्ठ सं. 155 देखें।

(अ) सन् 1896 (ब) सन् 1904
(स) सन् 1908 (द) सन् 1912

643. किस देश में स्कींग खेल की उत्पत्ति हुई ?
(अ) नॉर्वे (ब) स्वीडन
(स) फिनलैंड (द) स्विट्जरलैंड

644. किस खेल प्रतियोगिता में 'ट्रि-एथलॉन' होते हैं ?
(अ) भाला फेंक, डिस्कस थ्रो, हैमर थ्रो
(ब) 500 मी., 10000 मी., 20000 मी. दौड़
(स) लंबी कूद, ऊँची कूद, पोल वॉल्ट
(द) लंबी दूरी तक तैराकी, साइकिल तथा दौड़

645. सन् 1986 में किस देश ने विश्व फुटबॉल कप जीता था ?
(अ) पश्चिमी जर्मनी (ब) अर्जेंटीना
(स) ब्राजील (द) इटली

646. ओलंपिक मुक्केबाजी में भारत ने पहली बार कब हिस्सा लिया ?
(अ) सन् 1946 में (ब) सन् 1948 में
(स) सन् 1938 में (द) सन् 1956 में

647. किस खेल में विजेता को 'थॉमस कप' दिया जाता है ?
(अ) रगबाई (ब) टेनिस
(स) बैडमिंटन (द) बेसबॉल

648. सन् 1975 और 1985 में विश्व शतरंज खिताब किसे मिला ?
(अ) बोरिस स्पास्की (ब) बॉबी फिशर
(स) अनातोली कारपोव (द) विक्टर कोर्चनोई

649. मुहम्मद अली कब तक विश्व हैवीवेट मुक्केबाज चैंपियन रहे ?
(अ) सन् 1961-64 (ब) सन् 1964-67
(स) सन् 1962-65 (द) सन् 1963-67

650. विश्व टेनिस चैंपियनशिप किस वर्ष आरंभ हुई थी ?
(अ) सन् 1877 (ब) सन् 1893
(स) सन् 1901 (द) सन् 1905

651. कौन सा क्रिकेट खिलाड़ी स्त्री-रोग चिकित्सक भी था ?
(अ) लेन हटन (ब) सोनी रामदीन

उत्तर के लिए कृपया पृष्ठ सं. 155 देखें।

(स) डब्ल्यू.जी. ग्रेस (द) पाली उमरीगर

652. प्राचीन ओलंपिक खेल ई.पू. 776 यूनान में आरंभ हुए थे, परंतु धीरे-धीरे चौथी शताब्दी ई. के अंत तक ये खेल बंद हो गए। आधुनिक युग में इन खेलों को दोबारा कब, शुरू किया गया?

(अ) सन् 1888 (ब) सन् 1892

(स) सन् 1896 (द) सन् 1900

653. बास्केटबॉल खेल का प्रारंभ कहाँ से शुरू हुआ?

(अ) जापान (ब) मलेशिया

(स) संयुक्त राज्य अमेरिका (द) मेक्सिको

654. भारत का सबसे पुराना 'गोल्फ क्लब' विश्व का दूसरे नंबर का गोल्फ क्लब है। यह किस शहर में है?

(अ) मुंबई (ब) चेन्नई

(स) कोलकाता (द) जयपुर

655. कुश्ती की एक पारी में कितने रेफरी होते हैं?

(अ) एक (ब) दो

(स) तीन (द) चार

656. ई.पू. 776 में सर्वप्रथम आयोजित ओलंपिक खेलों में एकमात्र खेल हुआ करता था। वह खेल कौन सा था?

(अ) दौड़ (ब) कुश्ती

(स) भाला फेंक (द) तीरंदाजी

657. किस खेल में आरंभ से ही गोरों पर काले लोगों का दबदबा रहा?

(अ) लंबी कूद (ब) बेसबॉल

(स) मुक्केबाजी (द) लंबी दौड़

658. विशेष रूप से आयोजित ओलंपिक खेलों में कौन भाग ले सकता है?

(अ) मानसिक रूप से पिछड़े व्यक्ति

(ब) साठ वर्ष से अधिक आयु के व्यक्ति

(स) उम्रकैदभोगी व्यक्ति

(द) तीसरी दुनिया के देश

659. इनमें से कौन सा खेल 'इंग्लिश पब' में खेला जाता है?

(अ) चाइनीज चेकर्स (ब) डार्ट्स

उत्तर के लिए कृपया पृष्ठ सं. 155 देखें।

(स) कांट्रेक्ट ब्रिज (द) शतरंज

660. बास्केटबॉल में कितनी ऊँचाई पर बास्केट लटकाई जाती है?

(अ) 7'6" (ब) 8'

(स) 10' (द) 8'6"

661. 'रेगेटा' शब्द किस खेल से संबंधित है?

(अ) घुड़दौड़ (ब) मोटरकार-दौड़

(स) नौका-दौड़ (द) पोलो

662. गोल्फ खेल किस देश में आरंभ हुआ था?

(अ) ऑस्ट्रिया (ब) स्कॉटलैंड

(स) स्विट्जरलैंड (द) इंग्लैंड

663. बैडमिंटन सबसे पहले किस देश में खेला गया?

(अ) भारत (ब) ब्रिटेन

(स) चीन (द) कोरिया

664. फुटबॉल किस देश का राष्ट्रीय खेल है?

(अ) कनाडा (ब) बहमास

(स) अमेरिका (द) हवाई

665. सर्वप्रथम किस देश ने विश्व फुटबॉल कप में अर्जेंटीना को हराया था?

(अ) ब्राजील (ब) उरुग्वे

(स) मेक्सिको (द) हॉलैंड

666. लॉर्ड्स क्रिकेट टेस्ट मैच में सर्वाधिक रन किस खिलाड़ी ने बनाए हैं?

(अ) डॉन ब्रेडमैन (ब) सुनील गावस्कर

(स) ज्योफ बायकॉट (द) ग्राहम गूच

667. किस हैवीवेट चैंपियन ने निरंतर जीतने का सबसे लंबा रिकॉर्ड बनाया है?

(अ) जो लुईस (ब) रॉकी मारकीनो

(स) लॉरी होम्स (द) जैक डेमप्सी

668. वह कौन सा जूडो खिलाड़ी था, जिसने दो सौ तीन बार विजयी होने के बाद बिना पराजित हुए खेल जगत् को अलविदा किया?

(अ) ओसामु वाटनबे (ब) अकिरो मैसयोशी

(स) युकीओ याशुहिरो (द) याशुहिरो यामशिता

669. सन् 1990 में विश्व फुटबॉल कप किसने जीता था?

उत्तर के लिए कृपया पृष्ठ सं. 155 देखें।

(अ) इंग्लैंड (ब) अर्जेंटीना
(स) पश्चिम जर्मनी (द) इटली

670. बैकस्ट्रॉक तैराकी की खोज किस देश में की गई?
(अ) जापान (ब) चीन
(स) भारत (द) मिस्र

671. किस टेस्ट मैच में सुनील गावस्कर ने 10,000वाँ टेस्ट रन बनाया था?
(अ) चेन्नई (ब) अमदाबाद
(स) मुंबई (द) बंगलौर

672. किस भारतीय बल्लेबाज को टेस्ट मैच में पाकिस्तान के विरुद्ध सबसे ज्यादा रन बनाने का गौरव प्राप्त है?
(अ) मोहिंदर अमरनाथ (ब) पाली उमरीगर
(स) सुनील गावस्कर (द) चेतन चौहान

673. किस क्रिकेट स्टेडियम में अधिकृत रूप से सबसे ज्यादा दर्शक बैठने की क्षमता है?
(अ) मेलबोर्न क्रिकेट ग्राउंड, ऑस्ट्रेलिया
(ब) ईडन गार्डन, कोलकाता
(स) लॉर्ड्स, इंग्लैंड
(द) सबीना पार्क, जमैका

674. कौन-कौन से वर्षों तक ओलंपिक हॉकी प्रतियोगिता में भारत लगातार जीतता रहा?
(अ) सन् 1928-56 (ब) सन् 1936-64
(स) सन् 1924-52 (द) सन् 1928-64

675. औपचारिक रूप से मान्यताप्राप्त एकदिवसीय अंतरराष्ट्रीय मैच सन् 1971 में मेलबोर्न में आरंभ हुए थे। एकदिवसीय मैच में पहला शतक कब बनाया गया?
(अ) सन् 1971 (ब) सन् 1972
(स) सन् 1973 (द) सन् 1974

676. पहला विश्व फुटबॉल कप कब खेला गया?
(अ) सन् 1930 (ब) सन् 1936
(स) सन् 1928 (द) सन् 1938

उत्तर के लिए कृपया पृष्ठ सं. 155 देखें।

677. किसे 'टी एन टी के डायनामाइट' के रूप में जाना जाता है ?

(अ) सचिन तेंदुलकर (ब) विवियन रिचर्ड

(स) क्राइस कैरेन (द) ब्रॉयन लारा

678. ओलंपिक के प्रतीक में बने छल्लों में किस रंग का प्रयोग किया गया है ?

(अ) भूरा (ब) गुलाबी

(स) लाल (द) इनमें से कोई नहीं

679. क्रिकेट में यदि हर बल्लेबाज पहली गेंद पर आउट हो जाता है तो आउट न होनेवाले बल्लेबाज का नंबर कौन सा होगा ?

(अ) सातवाँ (ब) आठवाँ

(स) दसवाँ (द) ग्यारहवाँ

680. वह ऐसा कौन सा एकमात्र देश है, जो विश्व क्रिकेट कप का मेजबान होने के साथ-साथ विजेता भी रहा ?

(अ) ऑस्ट्रेलिया (ब) इंग्लैंड

(स) वेस्टइंडीज (द) श्रीलंका

681. अब तक विश्व में सबसे अधिक धन कमानेवाला खिलाड़ी कौन है ?

(अ) माइकेल जोर्डन (ब) गैरी शैफील्ड

(स) माइक टायसन (द) टाइगर वुड्स

682. तीव्रतम तैराकी स्ट्रॉक कौन सा है ?

(अ) ब्रेस्ट स्ट्रॉक (ब) बटरफ्लाई

(स) फ्री-स्टाइल (द) बैक स्ट्रॉक

683. किस भारतीय क्रिकेट खिलाड़ी ने कहा था, 'मैं बस का ड्राइवर बनना चाहता था, लेकिन बन गया क्रिकेट खिलाड़ी!'

(अ) कपिल देव (ब) सुनील गावस्कर

(स) के. श्रीकांत (द) लाला अमरनाथ

684. एकदिवसीय अंतरराष्ट्रीय क्रिकेट मैच में किस भारतीय खिलाड़ी ने पहली बार लगातार तीन गेंदों पर तीन विकेट लिये ?

(अ) कपिल देव (ब) चेतन शर्मा

(स) मनिंदर सिंह (द) जे. श्रीनाथ

685. ओलंपिक में दिए जाने वाले स्वर्ण पदकों में सोना कितना प्रतिशत रहता है ?

उत्तर के लिए कृपया पृष्ठ सं. 155 व 156 देखें।

(अ) 10 प्रतिशत (ब) 8 प्रतिशत
(स) 6 प्रतिशत (द) 5.2 प्रतिशत

686. किस खिलाड़ी ने तीन महाद्वीपों के लिए क्रिकेट खेला?
(अ) गैरी सॉबर्स (ब) सचिन तेंदुलकर
(स) दिलीप वेंगसरकर (द) कैपलर वैसल्स

687. ओलंपिक खेलों में शामिल होने से पहले कोई खेल कितने महाद्वीपों में खेला जाना चाहिए?
(अ) दो (ब) तीन
(स) चार (द) पाँच

688. टेस्ट क्रिकेट की एक पारी (Innings) में किस खिलाड़ी ने दस विकेट लिये थे?
(अ) अनिल कुंबले (ब) बिशन सिंह बेदी
(स) शैन वॉर्न (द) कर्टनी वाल्श

689. किस पर्वतारोही ने दस बार एवरेस्ट की चोटी पर पहुँचने का गौरव प्राप्त किया?
(अ) बछेंद्री पाल (ब) तेन सिंह
(स) एडमंड हिलेरी (द) रीता अंग

690. पूर्व भारतीय क्रिकेट खिलाड़ी एवं सांसद कीर्ति झा 'आजाद' कहाँ के रहनेवाले हैं?
(अ) बिहार (ब) मध्य प्रदेश
(स) उत्तर प्रदेश (द) पश्चिम बंगाल

691. किस क्रिकेट खिलाड़ी को अंपायर डिकी बर्ड ने 'व्हिस्परिंग डेथ' का उपनाम दिया?
(अ) ब्रॉयन लारा (ब) कपिल देव
(स) माइकेल होल्डिंग (द) शैन वॉर्न

692. किस खिलाड़ी ने टेस्ट क्रिकेट में सर्वाधिक रन बनाकर सुनील गावस्कर का कीर्तिमान तोड़ा था?
(अ) एलेन बार्डर (ब) सईद अनवर
(स) डेस्मंड हेयंस (द) अर्जुन रणतुंगा

693. भारत में टेस्ट क्रिकेट टीम का सबसे कम आयुवाला कप्तान कौन रहा?

उत्तर के लिए कृपया पृष्ठ सं. 156 देखें।

(अ) एम.ए. खान पटौदी (ब) सुनील गावस्कर
(स) सचिन तेंदुलकर (द) पॉली उमरीगर

694. यू.एस. ओपन टेनिस किस स्टेडियम में खेला जाता है ?
(अ) रोजबाउल (ब) ऑर्थर एश
(स) पासाडीना स्टेडियम (द) सेन मार्नो एरीना

695. किस खिलाड़ी ने भारत और पाकिस्तान—दोनों देशों के लिए टेस्ट क्रिकेट खेला था ?
(अ) गुल मोहम्मद (ब) सी.के. नायडु
(स) रंजीत सिंह (द) लाला अमरनाथ

696. शतरंज की शुरुआत किस देश में हुई ?
(अ) रूस (ब) भारत
(स) अमेरिका (द) चीन

697. कहाँ के ओलंपिक आयोजन में उसका समापन समारोह करने का चलन शुरू हुआ ?
(अ) मेलबोर्न (ब) बर्लिन
(स) रोम (द) यूनान

698. सन् 1952 में आयोजित ओलंपिक खेलों में भारतीय फुटबॉल टीम भाग क्यों नहीं ले सकी ?
(अ) विदेशी मुद्रा का अभाव
(ब) जूते पहनना संभव नहीं था
(स) उपर्युक्त दोनों—(अ) और (ब)
(द) इनमें से कोई नहीं

699. क्रिकेट में विल्फ्रेड रोड्स तथा वीनू मांकड़ की अलग पहचान क्या है ?
(अ) दोनों ने हर पारी में दोहरा शतक बनाया है
(ब) दोनों ने मैचों में दस बार में दस विकेट लिये
(स) इन्हें हर पारी में 'लेग बिफोर विकेट' घोषित किया गया
(द) इन्होंने मैदान में सभी स्थितियों (Positions) में फीलिंडग की

700. गोल्फ के नियमों के अनुसार किस प्रकार के खराब मौसम के कारण खेल रोका जा सकता है ?
(अ) बिजली चमकना (ब) बारिश

उत्तर के लिए कृपया पृष्ठ सं. 156 देखें।

(स) कम रोशनी (द) हिमपात

701. किस भारतीय खिलाड़ी को टेस्ट मैच में पाँचों दिन बल्लेबाजी करने का गौरव प्राप्त है?

(अ) वीनू मांकड़ (ब) एम.एल. जयसिम्हा

(स) रवि शास्त्री (द) ब और स दोनों

702. किस खेल में पुरुष और महिलाएँ—दोनों बराबर आधार पर सभी श्रेणियों में खेलते हैं?

(अ) टेनिस (ब) बैडमिंटन

(स) घुड़सवारी के करतब (द) गोल्फ

703. प्रसिद्ध 'आइडॅल्स' पुस्तक किसे समर्पित है?

(अ) सुनील गावस्कर ने उन सभी गेंदबाजों को यह पुस्तक समर्पित की है, जिन्होंने उसे कभी भी खेल के मैदान में आउट नहीं किया।

(ब) रवि शास्त्री ने अपनी टीम के सभी साथियों को पुस्तक समर्पित की।

(स) सुनील गावस्कर ने उन सभी क्रिकेट खिलाड़ियों को यह पुस्तक समर्पित की है, जिनका इसमें कहीं उल्लेख नहीं है।

(द) कपिल देव ने उन सभी बल्लेबाजों को यह पुस्तक समर्पित की है, जिन्हें उसने बॉल आउट किया (क्लीन बोल्ड) अर्थात् गेंद से विकेट ही उखाड़ दी।

704. दक्षिण अफ्रीका में क्रिकेट-जगत् में फैले भ्रष्टाचार के आरोपों की जाँच के लिए कौन सा आयोग गठित किया गया?

(अ) किंग आयोग (ब) क्विन आयोग

(स) रॉयल आयोग (द) स्प्रिंगबॉक्स

705. किस भारतीय क्रिकेट खिलाड़ी ने सर्वाधिक तेज अर्द्धशतक बनाने का कीर्तिमान स्थापित किया है?

(अ) अजहरुद्दीन (ब) कपिल देव

(स) सुनील गावस्कर (द) अजित अगरकर

706. विश्व में सबसे कम आयुवाला हेवीवेट बॉक्सिंग चैंपियन कौन है?

(अ) माइक टाइसन (ब) मोहम्मद अली

(स) जो लुईस (द) लियोन स्पिंक्स

707. वह पहला क्रिकेट खिलाड़ी कौन था, जिसने 10,000 रन बनाए, 100 मैच

उत्तर के लिए कृपया पृष्ठ सं. 156 देखें।

खेले तथा 100 टेस्ट कैच लिये ?

(अ) सर गैरफील्ड सोबर्स (ब) सुनील गावस्कर

(स) कपिल देव (द) हैंसी क्रोनिए

708. सन् 1999 में विश्व कप क्रिकेट प्रतियोगिता शुरू होने की घोषणा किसने की ?

(अ) बिल क्लिंटन (ब) अटल बिहारी वाजपेयी

(स) टॉनी ब्लेयर (द) ब्लादिमिर पुतिन

709. 100 मीटर दौड़ में स्वर्ण पदक पानेवाले सबसे अधिक आयु के धावक का नाम क्या है ?

(अ) कार्ल लेविस (ब) लिनफोर्ड क्रिस्टी

(स) मिल्खा सिंह (द) बेन जॉनसन

710. किस महान् खिलाड़ी के जन्मदिवस को 'राष्ट्रीय खेल दिवस' के रूप में मनाया जाता है ?

(अ) एम.ए. खान पटौदी (ब) ध्यानचंद

(स) रूप सिंह (द) रणजीत सिंह

711. विश्व में क्रिकेट का सबसे ऊँचा मैदान कहाँ है ?

(अ) श्रीनगर (ब) ऊटी

(स) चैल (द) शिम्मला

712. इंग्लिश चैनल पार करनेवाली प्रथम भारतीय महिला कौन थी ?

(अ) आरती अग्रवाल (ब) आरती साहा

(स) अनिता सूद (द) अनिता आर्य

713. किस भारतीय खिलाड़ी ने पहली बार टेस्ट क्रिकेट में शतक बनाया था ?

(अ) सी.के. नायडू (ब) लाला अमरनाथ

(स) एम.ए. खान पटौदी (द) अजित वाडेकर

714. किस क्रिकेट खिलाड़ी को सबसे कम आयु में टेस्ट मैच खेलने का गौरव प्राप्त है ?

(अ) सौरभ गांगुली (ब) सचिन तेंदुलकर

(स) एम.ए. खान पटौदी (द) संजय मांजरेकर

715. माउंट एवरेस्ट पर आरोहण करनेवाली प्रथम भारतीय महिला कौन है ?

(अ) बछेंद्री पाल (ब) किरण बेदी

उत्तर के लिए कृपया पृष्ठ सं. 156 देखें।

(स) पी.टी. उषा (द) मल्लिका अरोड़ा

716. किस खिलाड़ी को 'फ्लाइंग सिख' कहा जाता है?
(अ) मिल्खा सिंह (ब) ओंकार सिंह
(स) कर्णी सिंह (द) जसपाल सिंह

717. महिलाओं में 'विंबलडन सिंगल्स' का खिताब सबसे अधिक बार किसने जीता है?
(अ) मार्टिना नवरातिलोवा (ब) मार्टिना हिंगिस
(स) मोनिका सेलेस (द) स्टेफीग्राफ

718. किस खेल के खिलाड़ी 'स्पाइकर्स' कहलाते हैं?
(अ) हॉकी (ब) फुटबॉल
(स) पटेबाजी (द) वॉलीबॉल

719. ओलंपिक के प्रतीक में कितने छल्ले बने होते हैं?
(अ) पाँच (ब) छह
(स) सात (द) आठ

720. बरसात की दोपहर में भारत की ब्रिटिश सेना ने किस खेल की खोज की थी?
(अ) गोल्फ (ब) स्नूकर
(स) क्रिकेट (द) लॉन टेनिस

721. मानक गोल्फ कोर्स में प्राय: 5.5 किलोमीटर लंबाई में कितने छेद रहते हैं?
(अ) बारह (ब) पंद्रह
(स) सत्रह (द) अठारह

722. क्रिकेट खिलाड़ी सौरभ गांगुली का मध्य नाम क्या है?
(अ) गणपत (ब) चंडीदास
(स) शिवलाल (द) प्रसेनजित

723. सन् 1987 के विश्व कप में किस क्रिकेट खिलाड़ी को 'मैन ऑफ द मैच' के तीन अवार्ड दिए गए?
(अ) ग्राहम गूच (ब) इयान बॉथम
(स) कपिल देव (द) चेतन शर्मा

724. भारत का प्रथम अंतरराष्ट्रीय हॉकी अंपायर कौन था?
(अ) ध्यानचंद (ब) शंकर लक्ष्मण

उत्तर के लिए कृपया पृष्ठ सं. 156 देखें।

(स) पंकज गुप्ता (द) धरम सिंह

725. 'अर्जुन पुरस्कार' पानेवाला प्रथम भारोत्तोलक कौन था?

(अ) बलवीर सिंह भाटिया (ब) ए.एन. घोष

(स) पी.के. महानंद (द) के. ईश्वर राव

726. किस क्रिकेट खिलाड़ी को 'अर्जुन पुरस्कार' एवं 'पद्‌श्री सम्मान' से सम्मानित किया गया?

(अ) सौरभ गांगुली (ब) सुनील गावस्कर

(स) अनिल कुंबले (द) सचिन तेंदुलकर

उत्तर के लिए कृपया पृष्ठ सं. 156 देखें।

16

सिनेमा

727. विज्ञापन के क्षेत्र में 'नॉकिंग कॉपी' (Knocking Copy) क्या है ?
   (अ) विज्ञापन पाठ, जिससे संभावित खरीदार पूरी तरह से प्रभावित होता है
   (ब) विज्ञापन की सामग्री, जिसमें प्रतिद्वंद्वी उत्पाद का नाम लेकर आलोचना की जाती है
   (स) विज्ञापन सामग्री, जो लंबे समय से दोहराई जा रही है
   (द) कमजोर, निष्प्रभावी विज्ञापन पाठ
728. सन् 1964 में स्थापित 'नेशनल फिल्म आर्चीव' पूरे विश्व की लगभग सात हजार फिल्मों का संग्रह है। यह 'आर्चीव' कहाँ पर है ?
   (अ) मुंबई (ब) पुणे
   (स) दिल्ली (द) कोलकाता
729. भारतीय फिल्म जगत् की पहली फिल्म दादा साहब फाल्के द्वारा निर्मित 'राजा हरिश्चंद्र' थी। यह फिल्म किस वर्ष बनाई गई थी ?
   (अ) सन् 1910 (ब) सन् 1913
   (स) सन् 1917 (द) सन् 1921
730. सत्यजित रे की तीन फिल्में 'पथेर पांचाली', 'अपराजितो' तथा 'अपूर संसार' किस बँगला उपन्यासकार के दो उपन्यासों पर आधारित हैं ?
   (अ) बिमल मित्र (ब) रवींद्रनाथ टैगोर
   (स) ताराशंकर बंद्योपाध्याय (द) बिभूतिभूषण बंद्योपाध्याय
731. फिल्म उद्योग का सर्वाधिक सम्मानित 'दादा साहब फाल्के पुरस्कार' सन्

उत्तर के लिए कृपया पृष्ठ सं. 156 देखें।

1989 में किसे प्रदान किया गया?

(अ) सत्यजित रे (ब) शबाना आजमी

(स) लता मंगेशकर (द) किशोर कुमार

732. किस हॉलीवुड फिल्म को 'मुर्दों की कहानी, बच्चों की जुबानी' शीर्षक से हिंदी में जब डब किया गया तो वह लोकप्रियता के शिखर पर पहुँच गई?

(अ) दि टर्मिनेटर (ब) दि सिक्स्थ सेंस

(स) होम एलोन (द) बेबींस डे आउट

733. हिंदी फिल्मों की किस हस्ती का वास्तविक नाम संपूर्ण सिंह है?

(अ) गुलजार (ब) जगजीत सिंह

(स) समीर (द) चंद्रचूड़ सिंह

734. रेडियो सिलोन पर प्रसारित होनेवाले लोकप्रिय कार्यक्रम बिनाका गीत माला के मुकाबले ऑल इंडिया रेडियो ने कौन सा कार्यक्रम शुरू किया था?

(अ) एफ एम (ब) युववाणी

(स) विविध भारती (द) बिनाका संगीत बहार

735. पहली बार रंगीन फिल्म में बदल दी गई श्वेत-श्याम फिल्म कौन सी थी?

(अ) माई फेयर लेडी (ब) यस्टर डे, टुडे, टूमॉरो

(स) सेवन टाइम्स सेवन (द) यांकी डूडी डेंडी

736. किस एकमात्र भारतीय अदाकारा को पेरिस में आयोजित समारोह में फिल्मों में उसके योगदान के लिए सम्मानित किया गया?

(अ) स्मिता पाटिल (ब) निम्मी

(स) देविका रानी (द) मधुबाला

737. किस कलाकार ने सबसे ज्यादा (1,000 से भी अधिक) फिल्मों में अभिनय करके कीर्तिमान स्थापित किया है?

(अ) मनमोहन कृष्ण (ब) चार्ली चैपलिन

(स) महमूद (द) मनोरमा

738. अभिनय से जुड़े कौन से दंपती अलग-अलग समय पर भारतीय संसद् के सदस्य चुने गए?

(अ) सुनील-नरगिस दत्त (ब) श्रीदेवी-बोनी कपूर

(स) अमिताभ बच्चन-जया बच्चन (द) राजेश खन्ना-डिंपल कपाड़िया

उत्तर के लिए कृपया पृष्ठ सं. 156 देखें।

739. 'जंगल बुक' में मोगली का लालन-पालन किसने किया था ?

(अ) भेड़िया (ब) बाघ

(स) शेर (द) लोमड़ी

740. किस देश में सिनेमा हॉल नहीं हैं ?

(अ) सऊदी अरब (ब) भूटान

(स) संयुक्त राज्य अमीरात (द) इराक

741. किस अभिनेता को सबसे अधिक फिल्मफेयर पुरस्कार मिलने का सौभाग्य प्राप्त हुआ है ?

(अ) अमिताभ बच्चन (ब) अनिल कपूर

(स) शाहरुख खान (द) कमल हसन

742. किस देश में वहाँ की आबादी की तुलना में थिएटरों का प्रतिशत सर्वाधिक पाया जाता है ?

(अ) भारत (ब) संयुक्त राज्य अमेरिका

(स) स्वीडन (द) सेन मैरिनो

743. 'गांधी' फिल्म में नेहरू की भूमिका किसने निभाई थी ?

(अ) ए.के. हंगल (ब) श्रीराम लागू

(स) प्रेमनाथ (द) रोशन सेठ

744. भारत में बनी पहली बोलती फिल्म कौन सी थी ?

(अ) आलमआरा (ब) आँखें

(स) हरिश्चंद्र (द) शिव शंकर

745. किस भारतीय कलाकार को पाकिस्तान का सर्वोच्च सम्मान 'निशान-ए-इम्तियाज' दिया गया है ?

(अ) संजय खान (ब) फिरोज खान

(स) नासिर हुसैन (द) दिलीप कुमार

746. किस फिल्म में संजीव कुमार ने नौ किरदार निभाए ?

(अ) आँधी (ब) नया दिन, नई रात

(स) त्रिशूल (द) खिलौना

747. वाल्ट डिजनी के पहले मूल कार्टून में कौन सा पात्र था ?

(अ) मिकी माउस (ब) डानेल्ड डक

(स) प्लूटो (द) ऑस्वाल्ड (खरगोश)

उत्तर के लिए कृपया पृष्ठ सं. 156 व 157 देखें।

748. 'टैडी बियर्स' का नामकरण किसने किया ?

(अ) थियोडोर रूजवेल्ट (ब) रोनाल्ड रीगन

(स) जिम्मी कार्टर (द) जे.ई. कैनेडी

749. फिल्म स्टार आमिर खान किस खेल से जुड़े रहे हैं ?

(अ) क्रिकेट (ब) बैडमिंटन

(स) त्रियाथलॉन (द) गोल्फ

750. 'काबुलीवाला' फिल्म किस रचनाकार की कहानी पर बनाई गई थी ?

(अ) मुंशी प्रेमचंद (ब) चंद्रधर शर्मा 'गुलेरी'

(स) रवींद्रनाथ टैगोर (द) सलीम

751. दादा फाल्के का असली नाम क्या था ?

(अ) चंद्रकांत (ब) सूर्यकांत

(स) डुंडी राजगोविंद (द) रवि वर्मा

752. दूरदर्शन पर सबसे पहले कौन सा धारावाहिक प्रसारित हुआ था ?

(अ) बुनियाद (ब) खानदान

(स) हम लोग (द) रामायण

753. सत्यजित रे की किस प्रतिबंधित फिल्म में भारत में विलय-संबंधी एक विशेष राज्य की राष्ट्रीय नीति के विरुद्ध दरशाया गया था। वह राज्य कौन सा है ?

(अ) सिक्किम (ब) कश्मीर

(स) मैसूर (द) मिजोरम

754. सन् 1969 में (सबसे पहले) 'दादा साहब फाल्के सम्मान' किसे दिया गया था ?

(अ) देविका रानी (ब) राजकुमार

(स) दुर्गा खोटे (द) अशोक कुमार

755. किस देश में सबसे ज्यादा सिनेमा घर पाए जाते हैं ?

(अ) भारत (ब) चीन

(स) इंग्लैंड (द) सं.रा. अमेरिका

756. 'गांधी' फिल्म में कितने अतिरिक्त कलाकार थे ?

(अ) 3,00,000 (ब) 100,000

(स) 9,000 (द) 45,000

उत्तर के लिए कृपया पृष्ठ सं. 157 देखें।

757. किस भारतीय अभिनेता का मोम का पुतला लंदन के प्रतिष्ठित 'मैडम तुसॉद संग्रहालय' में रखा गया है ?

(अ) राजकुमार (ब) अमिताभ बच्चन

(स) शाहरुख खान (द) दिलीप कुमार

758. किस भारतीय फिल्म निर्माता को उनकी उपलब्धियों के लिए 'ऑस्कर सम्मान' दिया गया है ?

(अ) राजकुमार (ब) के. आसिफ

(स) बी.आर. चोपड़ा (द) सत्यजीत रे

759. कौन सा सम्मान देते समय सम्मानित हस्ती को मकई के भुने हुए दानों (पॉपकॉर्न) का बॉक्स भी दिया जाता है ?

(अ) अकादमी सम्मान (ब) ग्रेमी सम्मान

(स) एम.टी.वी. फिल्म सम्मान (द) भारत रत्न

उत्तर के लिए कृपया पृष्ठ सं. 157 देखें।

17

युद्ध

760. 6 अगस्त, 1945 को किस विमान से जापान के शहर हिरोशिमा पर बम फेंका गया था?

(अ) मेरियन एंडरसन (ब) लिली मारलेन

(स) एनोला गे (द) मेरिलिन

761. तैमूर ने भारत पर किस वर्ष हमला किया था?

(अ) सन् 1298 (ब) सन् 1340

(स) सन् 1376 (द) सन् 1398

762. खैबर दर्रे के मार्ग से भारत पर सबसे पहले किस विदेशी ने आक्रमण किया था?

(अ) सिकंदर (ब) तैमूर लंग

(स) महमूद गजनवी (द) मुहम्मद गोरी

763. 'वाटरलू', जहाँ युद्ध में नेपोलियन हार गया था, किस देश में है?

(अ) बेल्जियम (ब) हॉलैंड

(स) इंग्लैंड (द) डेनमार्क

764. किस शहर पर पहली बार हवाई हमले किए गए?

(अ) बेलग्रेद (ब) इज्मिर, तुर्की

(स) गेर्निका, स्पेन (द) ग्राज, ऑस्ट्रिया

765. 'महाभारत' का प्रसिद्ध कुरुक्षेत्र युद्ध कितने दिनों तक चला था?

(अ) पंद्रह (ब) अठारह

(स) दस (द) बारह

उत्तर के लिए कृपया पृष्ठ सं. 157 देखें।

766. वाटरलू की लड़ाई में नेपोलियन को किस जनरल ने हराया था ?

(अ) जॉर्ज वाशिंगटन
(ब) ऑर्थर वैलेजली
(स) जॉन मांटेग्यु
(द) अब्राहिम लिंकन

767. पानीपत की लड़ाई किन दो शासकों के बीच लड़ी गई थी ?

(अ) मुगल और मराठा
(ब) ब्रिटिश और भारतीय सेना
(स) मराठा और ब्रिटिश
(द) मराठा और अब्दाली

उत्तर के लिए कृपया पृष्ठ सं. 157 देखें।

18

विविध

768. इनमें से किस देश में जनसंख्या की दर कम हुई है?
(अ) चीन (ब) डेनमार्क
(स) जापान (द) संयुक्त राज्य अमेरिका

769. पीलियंथा, फ्लोरी बेडा, हाइब्रिड टी, रेंबलर्स आदि किस फूल या फल के प्रकार हैं?
(अ) चमेली (ब) गुलाब
(स) सेब (द) नाशपाती

770. किस देश में सोना, चाँदी, प्लेटिनम, हीरे, औद्योगिक हीरे आदि कीमती धातुएँ बहुतायत में पाई जाती हैं?
(अ) कोलंबिया (ब) दक्षिण अफ्रीका
(स) रूस (द) कनाडा

771. इनमें से सबसे लंबी आयुवाला जीव कौन सा है?
(अ) कछुआ (ब) हाथी
(स) गोरिल्ला (द) मनुष्य

772. क्रिस्टीन डायर, पापा मेलैंड, क्वीन एलिजाबेथ, ऑकलहोम—ये किसके नाम हैं?
(अ) परफ्यूम (ब) बोन चाइना
(स) गुलाब (द) सेब

773. विश्व का सबसे बड़ा गैस क्षेत्र कहाँ है?
(अ) सऊदी अरब (ब) रूस

उत्तर के लिए कृपया पृष्ठ सं. 157 देखें।

(स) इराक (द) नाइजीरिया

774. बिभिन्न प्रकार के प्रयासों के बावजूद भारत की आबादी चौंकानेवाली दर से बढ़ रही है। सन् 1971 और 1981 के बीच की अवधि में वृद्धि की रिकॉर्ड की गई दर है—

(अ) 15 प्रतिशत (ब) 20 प्रतिशत

(स) 23 प्रतिशत (द) 25 प्रतिशत

775. कौन सा चमगादड़ आकार में छोटा होता है?

(अ) फल खानेवाला चमगादड़ (ब) मांसभक्षी चमगादड़

(स) कीटभक्षी चमगादड़ (द) तृणभक्षी चमगादड़

776. अंग्रेजी में 'सुनहरे नियम' अर्थात् 'गोल्डन रूल्स' का क्या अर्थ है?

(अ) अतीत का पछतावा नहीं

(ब) न उधार दो, न उधार लो

(स) दूसरों के साथ वैसा ही व्यवहार करो जैसा अपने साथ चाहते हो

(द) मध्यम मार्ग अपनाओ

777. बिल्ली और बाघ की प्रजाति के समान ही नर हिप्पोपोटामस (दरियाई घोड़ा) का संबंध किस अन्य पशु की प्रजाति में भी पाया जाता है?

(अ) हाथी (ब) घोड़ा

(स) गैंडा (द) सूअर

778. विश्व की सबसे लंबी नहर कौन सी है?

(अ) स्वेज नहर (ब) वोल्गा-बाल्टिक नहर

(स) सेंट लॉरेंस सी-वे (समुद्री मार्ग) (द) कील नहर

779. देश में बनाया गया वन संरक्षण अधिनियम, जिसके तहत वन्य भूमि को वन्येतर प्रयोजनों के लिए इस्तेमाल करने पर प्रतिषेध लगाया गया है, किस वर्ष पारित किया गया?

(अ) सन् 1951 (ब) सन् 1967

(स) सन् 1978 (द) सन् 1980

780. अपने नुकीले दाँतों तथा मजबूत जबड़ों से पशुओं-इनसानों की जान लेने वाली पीरन्हा मछली इनमें से किस नदी में ज्यादा पाई जाती हैं?

(अ) जांबेजी (ब) अमेजन

(स) कांगो (द) ह्वांग-ही

उत्तर के लिए कृपया पृष्ठ सं. 157 देखें।

781. भारत में समान कार्य के लिए समान वेतन, अर्थात् पुरुषों और स्त्रियों को एक समान वेतन देने की गारंटी से संबंधित अधिनियम कब लागू हुआ ?

(अ) सन् 1974 (ब) सन् 1976

(स) सन् 1978 (द) सन् 1980

782. अफ्रीका के इन शहरों में से किसकी आबादी सबसे ज्यादा है ?

(अ) जोहान्सबर्ग (ब) लाओस

(स) कायरो (द) किंशासा

783. इस समय दुर्लभ हो चुका डोडो (पक्षी) पहले कहाँ का निवासी था ?

(अ) मिस्र (ब) दक्षिण अफ्रीका

(स) मॉरीशस (द) सुलेमान द्वीप

784. स्वर्ण नियंत्रण अध्यादेश (बाद में अधिनियम), जिसमें स्वर्ण की अधिकतम शुद्धता तय की गई थी, पहली बार कब लागू किया गया था ? (पुराने सोने को नए आभूषणों में इस्तेमाल करने पर यह अधिनियम लागू नहीं है)।

(अ) सन् 1963 (ब) सन् 1965

(स) सन् 1966 (द) सन् 1967

785. 'फिगर स्केटिंग' (नृत्य स्केटिंग) की शुरुआत कहाँ पर हुई ?

(अ) स्वीडन (ब) फ्रांस

(स) इंग्लैंड (द) आइसलैंड

786. विश्व में मीठे जल की सबसे बड़ी झील कौन सी है ?

(अ) सुपीरियर (ब) विक्टोरिया

(स) बैकल (द) मिशीगन

787. विश्व का सबसे बड़ा पक्षी कौन सा है ?

(अ) सोहन चिड़िया (ब) जंगली उकाब

(स) इमू (द) गिद्ध

788. भारत के किस राज्य में सबसे ज्यादा वन लगाए जा रहे हैं ?

(अ) असम (ब) मेघालय

(स) अरुणाचल प्रदेश (द) उड़ीसा

789. 'अंबड्समैन' (सरकार और उसके कर्मचारियों के विरुद्ध जनता की भ्रष्टाचार-संबंधी शिकायतों की जाँच करनेवाला अधिकारी) किस भाषा से आया शब्द है ?

उत्तर के लिए कृपया पृष्ठ सं. 157 देखें।

(अ) डच (ब) जर्मन
(स) नॉर्वेजियन (द) स्वीडिश

790. 'खमेर रुज' कौन है ?
(अ) कंबोडियन गुरिल्ला कम्यूनिस्ट बल
(ब) लाओ कम्यूनिस्ट गोरिल्ला बल
(स) वियतनामी कम्यूनिस्ट गुरिल्ला बल
(द) थाई कम्यूनिस्ट बल

791. अफ्रीका में किस देश का लगभग पूरा क्षेत्र दूसरे देश से घिरा हुआ है ?
(अ) स्वाजीलैंड (ब) लिसोथो
(स) जिंबाब्वे (द) मलावी

792. 'बॉब डायलन' का असली नाम क्या है ?
(अ) लेच कापुसिंस्की (ब) ऑर्थर लांगबॉटम
(स) रॉबर्ट जिम्मरमैन (द) जेरेमी ट्विट

793. विश्व की अधिकांश अफीम का उत्पादक क्षेत्र 'गोल्डन क्रेसेंट' कहाँ है ?
(अ) वियतनाम-चीन सीमा (ब) म्याँमार-थाईलैंड सीमा
(स) पाक-अफगान सीमा (द) थाईलैंड-मलेशिया क्रेसेंट

794. 'इंटरपोल' का पूरा नाम क्या है ?
(अ) इंटरनेशनल पुलिस ऑर्गेनाइजेशन
(ब) इंटरनेशनल पुलिस
(स) इंटरनेशनल क्रिमिनल पुलिस
(द) इंटरस्टेट पुलिस

795. विश्व की सबसे लंबी (1,600 कि.मी.) मानव-निर्मित नहर 'द ग्रेंड कनाल' कहाँ स्थित है ?
(अ) बीजिंग (ब) वेनिस
(स) अम्स्टरडम (द) कोपेनहेगन

796. 'फूलों की घाटी' कहाँ है ?
(अ) जम्मू-कश्मीर (ब) हिमाचल प्रदेश
(स) उत्तराखंड (द) असम

797. वर्ष में एक दिन कीड़ों का व्यापार किस शहर में किया जाता है।
(अ) सिओल (ब) बीजिंग

उत्तर के लिए कृपया पृष्ठ सं. 157 देखें।

(स) अक्यूपलको (द) फ्रैंकफर्ट

798. संयुक्त राज्य अमेरिका में कितने राज्य हैं ?

(अ) 48 (ब) 49

(स) 50 (द) 51

799. 'माफिया' शब्द की व्युत्पत्ति कहाँ से हुई है ?

(अ) केटालानिया (ब) नेपल्स

(स) शिकागो (द) सिसली

800. पक्षियों का यह प्रसिद्ध अभयारण्य कभी पक्षियों के लिए खतरनाक स्थल था; क्योंकि यहाँ के राजा गोरे शासकों को शिकार के लिए आमंत्रित करते थे। यहाँ पर एक दिन में लगभग चार हजार पक्षी मार दिए जाते थे। यह कौन सा अभयारण्य है ?

(अ) गुजरात में नलसरोवर (ब) असम में मानस

(स) राजस्थान में भरतपुर (द) उड़ीसा में सिमलीपाल

801. 'क्षुद्र बुर्जुआ मनोवृत्ति' गाली मानी जाती है। वस्तुतः 'क्षुद्र बुर्जुआ' का क्या अर्थ है ?

(अ) मध्यम वर्ग के लोग

(ब) ऐसे लोग, जो पारंपरिक नैतिकता में विश्वास रखते हैं तथा वर्ग व्यवस्था को स्वीकार करते हैं

(स) व्यापारी और सफेदपोश कामगार

(द) रूढ़िवादी तथा प्रतिक्रियामूलक वर्ग

802. किसी समय में साइकिल का अगला पहिया पिछले पहिए से बहुत बड़ा होता था। साइकिल में एक ही आकार के दोनों पहिए किस वर्ष लगे ?

(अ) सन् 1885 (ब) सन् 1901

(स) सन् 1906 (द) सन् 1911

803. इन चार राजधानियों में से किसकी आबादी सबसे अधिक है ?

(अ) लंदन (ब) न्यूयॉर्क

(स) मास्को (द) पेरिस

804. एक देश ऐसा भी है, जहाँ तीन सौ पचास लाख लोग अभी भी गुफाओं में रहते हैं। यह कौन सा देश है ?

(अ) बोर्नियो (ब) भारत

उत्तर के लिए कृपया पृष्ठ सं. 157 देखें।

(स) चीन (द) जावा

805. 'आरदर्वक' पशु किस देश में पाया जाता है?

(अ) दक्षिण अफ्रीका (ब) ऑस्ट्रेलिया

(स) हॉलैंड (द) मलेशिया

806. विषैली गैस, दशमलव बिंदु तथा टॉयलेट पेपर की खोज किस देश में की गई?

(अ) स्वीडन (ब) फ्रांससी

(स) ब्रिटेन (द) चीन

807. किस सम्राट् के शासन में गाई फॉक्स ने ब्रिटिश संसद् को उड़ा दिया था?

(अ) हेनरी चतुर्थ (ब) हेनरी अष्टम

(स) एलिजाबेथ प्रथम (द) जेम्स प्रथम

808. किस भारतीय उपज से सबसे ज्यादा विदेशी मुद्रा की आय होती है?

(अ) कपास (ब) चाय

(स) मूँगफली (द) गन्ना

809. खच्चर के माता-पिता कौन हैं?

(अ) गधा और गाय (ब) घोड़ा और गधी

(स) गधा और घोड़ी (द) दो खच्चर

810. विश्व का प्राचीनतम रेलवे स्टेशन कौन सा है?

(अ) विक्टोरिया (ब) ओसाका

(स) लिवरपूल (द) लेनिनग्राद

811. कौन सी नदी यूरोप के जर्मनी, ऑस्ट्रिया, चेकोस्लोवाकिया, हंगरी, यूगोस्लाविया और रोमानिया—इन सभी देशों से होकर बहती है?

(अ) राइने (ब) एल्बे

(स) ऑडर (द) डेनबे

812. जब महाद्वीपों के बीच पशु आते-जाते हैं तब प्रायः 'न्यू वर्ल्ड' और 'ओल्ड वर्ल्ड' शब्दों का इस्तेमाल किया जाता है। यह 'न्यू वर्ल्ड' क्या है?

(अ) एशिया के बाहर सभी भूभाग (ब) ऑस्ट्रेलिया

(स) यूरोप (द) उत्तर और दक्षिण अमेरिका

813. अंडमान और निकोबार द्वीप समूह में पोर्ट ब्लेयर की कुख्यात काल कोठरी

उत्तर के लिए कृपया पृष्ठ सं. 157 व 158 देखें।

जहाँ अनेक भारतीय स्वतंत्रता सेनानियों को बंदी बनाकर रखा गया था, वहाँ कितने द्वीप हैं?

(अ) 37 (ब) 113

(स) 231 (द) 223

814. भारतीय रेलवे का ऐसा यात्रा-पास मिल सकता है, जिससे निश्चित अवधि तक किसी भी स्थान की रेलयात्रा की जा सकती है। इस यात्रा-पास को क्या कहा जाता है?

(अ) इंडोरेल (ब) सी इंडिया (भारत दर्शन)

(स) इंड्रामा (द) इंड्रेल

815. मॉसलेम मान्यता के अनुसार, ईडन गार्डन से निकाले जाने के बाद आदम धरती पर आ गया और एक द्वीप पर रहने लगा। वह कौन सा द्वीप है?

(अ) मेडागास्कर (ब) क्रेटे

(स) सिसिली (द) श्रीलंका

816. तेल से प्राप्त आय के कारण अफ्रीकी देश समृद्ध हैं। सहारा-अफ्रीकी किस देश में तेल से प्राप्त प्रति व्यक्ति आय सर्वाधिक है?

(अ) गेबॉन (ब) नाइजीरिया

(स) घाना (द) अपर वोल्टा

817. किस जानवर को जन्म के ग्यारह सप्ताह बाद तक दिखाई नहीं देता?

(अ) चूहा (ब) बिल्ली

(स) प्लेटीपस (द) अर्माडिल्लो

818. विश्व में सबसे बड़ा द्वीप कौन सा है?

(अ) मेडागास्कर (ब) ब्रिटेन

(स) ग्रीनलैंड (द) न्यू गुयाना (Guinea)

819. विश्व में सबसे ज्यादा 'वाइन' बनानेवाला देश कौन सा है?

(अ) इटली (ब) फ्रांस

(स) जर्मनी (द) स्पेन

820. एशिया की सबसे लंबी नदी कौन सी है?

(अ) यांगत्से (ब) सिंधु

(स) ब्रह्मपुत्र (द) मिकांग

821. सबसे छोटा 'गास्पेल' कौन सा है?

उत्तर के लिए कृपया पृष्ठ सं. 158 देखें।

(अ) मैथ्यू (ब) मार्क

(स) ल्यूक (द) जोन

822. कौन सा जानवर निद्रावंस्था में भी एक शाखा से दूसरी शाखा तक चला जाता है ?

(अ) डिंगो (ब) स्लॉय

(स) जगुआर (द) चिंपांजी

823. विश्व का कौन सा देश सबसे ज्यादा अकालग्रस्त देश माना जाता है ?

(अ) नाइजीरिया (ब) बँगलादेश

(स) नाइजर (द) इथोपिया

824. 'सेंचुरियन' (Centurion) का क्या अर्थ है ?

(अ) जो सौ रन (शतक) बना लेता है

(ब) रोमन सीनेटर, जो सौ नागरिकों का प्रतिनिधित्व करता है

(स) रोम की सेना में सौ सैनिकों की टुकड़ी का कमांडिंग अधिकारी

(द) सौ या इससे अधिक वर्ष तक जीनेवाला व्यक्ति

825. विश्व का सबसे बड़ा झरना कौन सा है ?

(अ) हॉनी (लाओस)

(ब) न्याग्रा (कनाडा)

(स) विक्टोरिया (जिंबाब्वे और जांबिया)

(द) सीवार्ड (पेरु)

826. मनुष्य का मानक वजन उसके कद के अनुपात में होता है। किसी का कितना प्रतिशत वजन बढ़ जाने पर उसे 'मोटापा' माना जाता है ?

(अ) 50 प्रतिशत (ब) 35 प्रतिशत

(स) 20 प्रतिशत (द) 10 प्रतिशत

827. भोपाल में मिथाइल आइसो-साइनेट गैस के रिसाव से भयानक गैस कांड कब हुआ था ?

(अ) सन् 1981 (ब) सन् 1982

(स) सन् 1983 (द) सन् 1984

828. निम्नलिखित में से कौन सा पक्षी उड़ नहीं सकता ?

(अ) मोरनी (ब) प्लेटीपस

(स) कीवी (द) टर्न

उत्तर के लिए कृपया पृष्ठ सं. 158 देखें।

829. भारत के कुल भूक्षेत्र के कितने प्रतिशत भाग पर गंगा प्रवाहित होती है ?
(अ) 25 प्रतिशत (ब) 30 प्रतिशत
(स) 33 प्रतिशत (द) 40 प्रतिशत

830. निर्बाध (Open-end) निवेश कंपनी कौन सी होती है ?
(अ) कंपनी, जिसकी शेयर पूँजी की कोई सीमा न हो
(ब) कंपनी, जिसके शेयर बाजार से खरीदे जा सकते हैं
(स) कंपनी, जो अपना पैसा केवल शेयर बाजार में लगाती है
(द) कंपनी, जो केवल सुरक्षित सरकारी प्रतिभूतियों में निवेश करती है

831. विश्व के किस देश में कॉफी की पैदावार सबसे पहले शुरू हुई ?
(अ) भारत (ब) ब्राजील
(स) कांगो (द) अबीसीनिया

832. घरों से अवशिष्ट पदार्थों के स्राव में उपस्थित कौन सा पदार्थ स्वच्छ जल के लिए घातक है ?
(अ) साबुन आदि का पानी (ब) लकड़ी की राख
(स) फिनाइल (द) तैलीय पदार्थ

833. दुर्लभ जाति की गुलाबी फुनगीवाली बतख किस देश में पाई जाती है ?
(अ) भारत (ब) चीन
(स) इंग्लैंड (द) साइबेरिया

834. किस देश में विश्व का 50 प्रतिशत कॉर्क तैयार होता है ?
(अ) फ्रांस (ब) स्पेन
(स) पुर्तगाल (द) इटली

835. ऑस्ट्रेलिया की राजधानी कहाँ है ?
(अ) सिडनी (ब) कैनबरा
(स) मेलबोर्न (द) एडलिड

836. कौन सा पक्षी भारी-भरकम होने के बावजूद उड़ सकता है ?
(अ) एमू (ब) पीफाउल
(स) ग्रेट इंडियन बस्टर्ड (द) कोरी बस्टर्ड

837. यूरोप में सबसे पुराना यूनिवर्सिटी टाउन कौन सा है ?
(अ) जर्मनी में हीडलबर्ग (ब) पेरिस में सोरबोन
(स) इटली में बोलॉग्ना (द) ऑस्ट्रिया में सल्जबर्ग

उत्तर के लिए कृपया पृष्ठ सं. 158 देखें।

838. संयुक्त राज्य अमेरिका का सर्वाधिक आबादीवाला राज्य कौन सा है ?

(अ) न्यूयॉर्क (ब) न्यू ज़र्सी

(स) फ्लोरिडा (द) कैलिफोर्निया

839. इनमें से कौन सा देश संयुक्त अरब अमीरात में शामिल नहीं है ?

(अ) दुबई (ब) शारजाह

(स) कुवैत (द) आबू धाबी

840. भारत में दस वर्ष बाद जनगणना करने की पद्धति कब आरंभ हुई ?

(अ) सन् 1861 (ब) सन् 1881

(स) सन् 1901 (द) सन् 1911

841. किस क्षेत्र में नोबल पुरस्कार अन्य क्षेत्रों की तुलना में दो या अधिक व्यक्तियों को अधिक बार दिया गया है ?

(अ) भौतिकी (ब) रसायनशास्त्र

(स) चिकित्सा (द) साहित्य

842. एशिया की सबसे बड़ी स्लम बस्ती कहाँ है ?

(अ) शंघाई (ब) कोलकाता

(स) सैगॉन (द) मुंबई

843. बिडाल जाति में छोटे-से-छोटा और बड़े-से-बड़ा जानवर होता है; इसमें सबसे बड़ा जानवर कौन सा होता है ?

(अ) साइबेरियन शेर (ब) अफ्रीकी शेर

(स) साइबेरियन बाघ (द) रॉयल बंगाल बाघ

844. विश्व का सर्वप्रमुख ज्वालामुखी कौन सा है ?

(अ) माउंट किलिमंजारो (ब) माउंट विसुवियस

(स) माउंट एट्ना (द) माउंट कराकातोआ

845. तेल उत्पादक देशों में सर्वोपरि स्थान किस देश को प्राप्त है ?

(अ) नाइजीरिया (ब) सऊदी अरब

(स) ईरान (द) रूस

846. भारत में साइकिल उद्योग किस शहर या कस्बे में अधिक फैला हुआ है ?

(अ) सलेन (तमिलनाडु) (ब) सोनीपत (हरियाणा)

(स) लुधियाना (पंजाब) (द) वडोदरा (गुजरात)

847. टाटा आयरन एंड स्टील कंपनो (TISCO) जे.एन. टाटा द्वारा चलाई गई थी;

उत्तर के लिए कृपया पृष्ठ सं. 158 देखें।

इसकी पहली स्टील फैक्टरी कब लगाई गई ?

(अ) सन् 1896 (ब) सन् 1903

(स) सन् 1907 (द) सन् 1912

848. संयुक्त राष्ट्र संघ की विशेष एजेंसी 'इंटरनेशनल एटॉमिक एनर्जी कमीशन' कहाँ पर स्थित है ?

(अ) विएना (ब) पेरिस

(स) जेनेवा (द) ओटावा

849. न्यू वर्ल्ड से ओल्ड वर्ल्ड में आलू का प्रयोग आरंभ हुआ था। मूलत: आलू कहाँ उगाए जाते थे ?

(अ) पश्चिमी वर्जीनिया, अमेरिका (ब) पेरु

(स) चिली (द) मेक्सिको

850. भारत में प्रेस सेंसरशिप की शुरुआत कब हुई ?

(अ) सन् 1799 (ब) सन् 1818

(स) सन् 1857 (द) सन् 1885

851. किस देश में टिन का सबसे बड़ा भंडार पाया जाता है ?

(अ) बोलविया (ब) चीन

(स) इंडोनेशिया (द) रूस

852. संयुक्त राज्य अमेरिका के कितने राज्यों में 'मास्को' नाम के शहर हैं ?

(अ) 7 (ब) 8

(स) 9 (द) 10

853. भारत की सबसे लंबी नदी कौन सी है ?

(अ) गंगा (ब) ब्रह्मपुत्र

(स) गोदावरी (द) सोन

854. जर्मनी के प्राचीनतम विश्वविद्यालय का नाम क्या है ?

(अ) गोटिंगन (ब) फ्रिबर्ग

(स) हेडलबर्ग (द) लिपजिग

855. किस देश की सशस्त्र सेना वहाँ की आबादी की तुलना में विश्व की सबसे बड़ी सेना है ?

(अ) पाकिस्तान (ब) उत्तर कोरिया

(स) ईरान (द) वियतनाम

उत्तर के लिए कृपया पृष्ठ सं. 158 देखें।

856. दक्षिण ध्रुव, अंटार्कटिका में 14 दिसंबर, 1911 को सबसे पहले कौन पहुँचा ?

(अ) रोल्ड एमंडसन (ब) आर.एफ. स्कॉट

(स) रिचर्ड ई. बियर्ड (द) आर.ई. पियरे

857. किस पशु की चयापचय क्षमता इतनी अधिक होती है कि उसे जिंदा रहने के लिए निरंतर खाते रहना पड़ता है ?

(अ) चूहा (ब) छछूँदर

(स) खरगोश (द) कछुआ

858. कोटोपाक्सी ज्वालामुखी किस देश में है ?

(अ) इक्वाडोर (ब) मेक्सिको

(स) हॉण्डुरस (द) चिली

859. किस देश में बाघों की संख्या इसलिए कम की जा रही है कि वहाँ के कृषि और चरागाह व्यवसाय को वे नुकसान पहुँचा रहे हैं ?

(अ) रूस (ब) चीन

(स) ब्राजील (द) इजराइल

860. विश्व का कौन सा पक्षी सबसे ज्यादा दूरी तक उड़ता है ?

(अ) आर्कटिक टर्न (ब) साइबेरियन क्रेन

(स) साइबेरियन बतख (द) अल्पाइन स्विफ्ट

861. वेस्टइंडीज का पता किसने लगाया ?

(अ) वास्को डि गामा (ब) क्रिस्टोफर कोलंबस

(स) कैप्टेन कुक (द) सर फ्रांसिस ड्रेक

862. किस एशियाई देश में सबसे बड़ा रेलवे नेटवर्क है ?

(अ) भारत (ब) चीन

(स) जापान (द) बर्मा

863. यूनेस्को का मुख्यालय कहाँ है ?

(अ) न्यूयॉर्क में (ब) पेरिस में

(स) जेनेवा में (द) रोम में

864. चींटी की कौन सी प्रजाति दस फीट ऊँची तथा तीस फीट लंबी दूरी तक कूद सकती है ?

(अ) इंपाला (ब) गजैली

उत्तर के लिए कृपया पृष्ठ सं. 158 देखें।

(स) मूस (द) रेड डीयर

865. कौन सा ग्रह सूर्य का एक चक्कर 88 दिन में पूरा करता है ?

(अ) बुध (ब) शनि

(स) शुक्र (द) यूरेनस

866. विश्व का सबसे बड़ा/लंबा हवाई अड्डा कहाँ है ?

(अ) लंदन (ब) न्यूयॉर्क

(स) जेद्दा (द) दुबई

867. इनमें से किस जीव पर साँप के जहर का असर नहीं होता ?

(अ) भैंस (ब) नेवला

(स) उकाब (द) सूअर

868. विभिन्न देशों को सबसे ज्यादा शस्त्रों का निर्यात करनेवाला देश कौन सा है ?

(अ) रूस (ब) अमेरिका

(स) फ्रांस (द) स्वीडन

869. भारत की प्राचीनतम पर्वत-शृंखला कौन सी है ?

(अ) हिमालय (ब) सतपुड़ा

(स) नीलगिरि (द) अरावली

870. भारत में रंगीन टी.वी. की शुरुआत कब हुई ?

(अ) सन् 1978 (ब) सन् 1980

(स) सन् 1982 (द) सन् 1983

871. चीन का सबसे ज्यादा आबादीवाला शहर कौन सा है ?

(अ) बीजिंग (ब) नानजिंग

(स) शंघाई (द) गुआंगजू (कैंटन)

872. विश्व की सबसे तेज तैरनेवाली मछली कौन सी है ?

(अ) मर्लिन (ब) हैरिंग

(स) एटलांटिक सैलफिश (द) गैंगेटिक हिल्स

873. पृथ्वी का कितना प्रतिशत भाग समुद्र से ढका है ?

(अ) 75 प्रतिशत (ब) 71 प्रतिशत

(स) 68 प्रतिशत (द) 65.5 प्रतिशत

874. क्यूबा की अर्थव्यवस्था मुख्यत: किस वस्तु पर आधारित है ?

उत्तर के लिए कृपया पृष्ठ सं. 158 देखें।

(अ) तंबाकू (ब) रम
(स) मक्का (द) चीनी

875. यूरोप की सबसे लंबी नदी कौन सी है ?
(अ) टाइबर (ब) वोल्गा
(स) डेन्यूब (द) राइन

876. विश्व को पर्यावरण के प्रति जागरूक बनाने के लिए कौन सा दिन पर्यावरण दिवस के रूप में मनाया जाता है ?
(अ) 15 मार्च (ब) 5 मई
(स) 5 जून (द) 15 सितंबर

877. किस देश को 'यूरोप का रोगी' माना जाता है ?
(अ) अल्बानिया (ब) तुर्की
(स) पोलैंड (द) चेकोस्लोवाकिया

878. भारत के कुल क्षेत्र का कितना प्रतिशत भाग वनों से ढका है ?
(अ) 30 प्रतिशत (ब) 27 प्रतिशत
(स) 23 प्रतिशत (द) 15 प्रतिशत

879. विश्व में कौन सी मुद्रा सर्वाधिक प्रचलन में है ?
(अ) डॉलर (ब) शिलांग
(स) फ्रेंक (द) पाउंड

880. भारत में सबसे कम आबादीवाला राज्य कौन सा है ?
(अ) सिक्किम (ब) मेघालय
(स) मिजोरम (द) अरुणाचल प्रदेश

881. असम राज्य में बाढ़ का प्रकोप अधिक क्यों होता है ?
(अ) यहाँ पर नदियों का तल बहुत ही छिछला है
(ब) आवाह क्षेत्रों में भारी वर्षा
(स) बाँधों से भारी मात्रा में बार-बार पानी छोड़ना
(द) ब्रह्मपुत्र नदी का बार-बार रुख बदलना

882. विश्व में कॉफी का सबसे बड़ा निर्यातकदेश कौन सा है ?
(अ) युगांडा (ब) ब्राजील
(स) साइबेरिया (द) कांगो

883. मनुष्यों से पहले किस प्राणी का मस्तिष्क ज्यादा विकसित था ?

उत्तर के लिए कृपया पृष्ठ सं. 158 व 159 देखें।

(अ) कपि (पूँछ रहित बंदर)　　(ब) निशाकपि (लोमर)
(स) बंदर　　(द) चिंपांजी

884. पच्चीस वर्ष की अवधि के लिए 'रजत', पचास वर्ष की अवधि के लिए 'स्वर्ण' और साठ वर्ष की अवधि के लिए 'हीरक' शब्द का प्रयोग किया जाता है? चालीसवें वर्ष के लिए कौन सा शब्द इस्तेमाल किया जाता है?
(अ) एमरेल्ड　　(ब) टरक्वोज
(स) रूबी　　(द) पर्ल

885. संगमरमर से मिलती-जुलती चट्टान किसकी होती है?
(अ) नीस　　(ब) डोलोमाइट
(स) लाइमस्टोन　　(द) बेसाल्ट

886. विश्व की सबसे गहरी झील कौन सी है?
(अ) विक्टोरिया झील　　(ब) ओंटेरियो झील
(स) मिशीगन झील　　(द) बइकल झील

887. ह्वेल मछली के समूह को क्या कहा जाता है?
(अ) यूनिवर्सिटी　　(ब) ट्रूप
(स) स्कूल　　(द) कॉलेज

888. इनमें से किस रंग को मधुमक्खी नहीं पहचान पाती?
(अ) बैगनी　　(ब) नीला
(स) कत्थई　　(द) पीला

889. उत्तरी ध्रुव की खोज (6 अप्रैल, 1909 को) किसने की थी?
(अ) रॉबर्ट एडविन पियरे　　(ब) फ्रेडरिक अ..बर्ट कुक
(स) रोल्ड एमंडसन　　(द) अंबर्टो नोबेल

890. विश्व का सर्वोपरि तेल-निर्यातक देश कौन सा है?
(अ) सऊदी अरब　　(ब) नाइजीरिया
(स) ईरान　　(द) इराक

891. एक बाघ जंगल में किस प्रकार सीमारेखा तय करता है कि कोई दूसरा बाघ उसके क्षेत्र में न आ सके?
(अ) अपने क्षेत्र के चारों ओर झाड़-झंखाड़ रख देता है
(ब) क्षेत्र के चारों ओर निश्चित अंतराल पर शौच कर देता है
(स) मूत्र से सीमारेखा बनाता है

उत्तर के लिए कृपया पृष्ठ सं. 159 देखें।

(द) सीमा के साथ-साथ पेड़ों पर खाल रगड़ता है, ताकि उसकी गंध से अन्य बाघ क्षेत्र पहचान सके

892. किंशाशा किस देश की राजधानी है?

(अ) लिसॉथो (ब) घाना

(स) जायरे (द) जिंबाब्वे

893. इनमें से ध्वनि प्रदूषण का कौन सा स्रोत श्रवण-शक्ति को सदा के लिए समाप्त कर सकता है?

(अ) टेलीविजन (ब) रॉक संगीत

(स) पॉवर ड्रिल (द) साइलेंसर रहित मोटर साइकिल

894. विश्व का सबसे तेज दौड़नेवाला साँप कौन सा है?

(अ) दुबइया (ब) नागराज

(स) अफ्रीकी काला साँप (द) भारत का करैत

895. कश्मीर से कन्याकुमारी तक—भारत के उत्तरी और दक्षिणी छोरों के बीच कितनी दूरी है?

(अ) 3,080 कि.मी. (ब) 3,150 कि.मी.

(स) 3,214 कि.मी. (द) 3,460 कि.मी.

896. ए-4 किस वस्तु का अंतरराष्ट्रीय आकार है?

(अ) पुस्तक (ब) चादर

(स) कागज (द) ड्राइंग निब

897. किस देश को 'द लैंड ऑफ थाउजैंड लेक्स' कहा जाता है?

(अ) डेनमार्क (ब) हॉलैंड

(स) फिनलैंड (द) स्विट्जरलैंड

898. भारत के किस राज्य में सबसे अधिक शहरीकरण हुआ है?

(अ) महाराष्ट्र (ब) पश्चिम बंगाल

(स) केरल (द) पंजाब

899. किस देश में चाँदी की खानों का भंडार है?

(अ) पेरु (ब) ग्वाटेमाला

(स) मेक्सिको (द) कोलंबिया

900. भारत में पर्यटकों का आकर्षक स्थल 'टाइगर रिजर्व' कहाँ स्थित है?

(अ) रणथंभौर (ब) सुंदर वन

उत्तर के लिए कृपया पृष्ठ सं. 159 देखें।

(स) मुदुमलई (द) कान्हा

901. विश्व में किस कीड़े की सबसे ज्यादा प्रजातियाँ हैं ?

(अ) तितली (ब) भृंग

(स) पिस्सू (द) तिलचट्टा

902. किस देश में दूसरी संतान होने पर माँ-बाप को भारी जुर्माना देना पड़ता है ?

(अ) स्वीडन (ब) उत्तरी कोरिया

(स) चीन (द) अमेरिका

903. इनमें से कौन सी भाषा स्वीडन की राजभाषा नहीं है ?

(अ) अंग्रेजी (ब) फ्रांसीसी

(स) जर्मन (द) इतालवी

904. किस जानवर की अँगुलियों के निशान इनसानों की अँगुलियों के निशान से मिलते हैं ?

(अ) बबून (ब) गोरिल्ला

(स) ऑरेनगटन (द) चिंपांजी

905. 'कराटे' का शाब्दिक अर्थ क्या है ?

(अ) काटना (ब) निहत्थे लड़ना

(स) उदार (द) रक्षा

906. बाघ अपने इलाके में रहनेवाले किस जानवर पर हमला करने में हिचकिचाता है ?

(अ) लकड़बग्घा (ब) जंगली भैंसा

(स) सियार (द) भालू

907. भारत के किस राज्य में सभी सरकारी पर्यटन होटलों के नाम किसी-न-किसी पक्षी के नाम पर रखे गए हैं ?

(अ) पंजाब (ब) हरियाणा

(स) असम (द) हिमाचल प्रदेश

908. विश्व में जनसंख्या की दृष्टि से दूसरा स्थान प्राप्त भारत में विश्व की कुल आबादी का कितना प्रतिशत रहता है ?

(अ) लगभग 31 प्रतिशत (ब) लगभग 23 प्रतिशत

(स) लगभग 14 प्रतिशत (द) लगभग 12.5 प्रतिशत

909. इनमें से किस एजेंसी को तीन बार नोबल शांति पुरस्कार मिला है ?

उत्तर के लिए कृपया पृष्ठ सं. 159 देखें।

(अ) इंटरनेशनल ऑफिस फॉर रिफ्यूजी (ब) एमनेस्टी इंटरनेशनल
(स) इंटरपोल (द) इंटरनेशनल रेडक्रॉस

910. इंग्लैंड में आलू के विषय में लोगों को किसने परिचित कराया ?
(अ) सर वाल्टर रलैघ (ब) सर फ्रांसिस ड्रेक
(स) कैप्टेन कुक (द) सर फिलिप सिडनी

911. किस देश की एयरलाइन का नाम 'सबीना इंटरनेशनल एयरलाइन' है ?
(अ) नॉर्वे (ब) बेल्जियम
(स) डेनमार्क (द) नीदरलैंड

912. विश्व की सबसे द्रुतगामी रेलगाड़ी कौन सी है ?
(अ) टी जी वी (ब) बुलेट
(स) इंटरसिटी (द) मैलार्ड

913. वयस्क मोटे-ताजे चूहों की जोड़ी से तीन वर्षों में उनके कितने बच्चे, पोते-पोतियाँ आदि होंगे ?
(अ) 11,00,00,000 (ब) 22,00,00,000
(स) 33,00,00,000 (द) 44,00,00,000

914. भारत का एक स्कूल लगभग दस वर्षों से 'गिनीज़ बुक ऑफ वर्ल्ड रिकॉर्ड्स' में आ रहा है। इसमें 12,000 छात्र, 400 शिक्षक और 600 अन्य कर्मचारी हैं। स्कूल का नाम बताएँ।
(अ) सेंट जॉन्स स्कूल, मेरठ
(ब) कैथेड्रल हाई स्कूल, मुंबई
(स) यादवेंद्र पब्लिक स्कूल, पटियाला
(द) साउथ प्वाइंट स्कूल, कोलकाता

915. 'महाभारत' धारावाहिक के दौरान प्रसारित विज्ञापनों से दूरदर्शन को कुल कितनी आय हुई ?
(अ) पचास करोड़ रुपए (ब) पैंसठ करोड़ रुपए
(स) सतहत्तर करोड़ रुपए (द) अस्सी करोड़ रुपए

916. विश्व की अधिकांश अफीम 'गोल्डन ट्रिएंगल' नामक क्षेत्र में उगाई जाती है। यह 'त्रिकोण' (Triangle) किन देशों से बनता है ?
(अ) थाइलैंड, म्याँमार और लाओस
(ब) कंपूचिया, थाइलैंड और म्याँमार

उत्तर के लिए कृपया पृष्ठ सं. 159 देखें।

(स) वियतनाम, कंपूचिया और लाओस

(द) मलेशिया, थाइलैंड और कंपूचिया

917. इनमें से पारंपरिक रूप में किस पेड़ के पत्ते चबाने से गला अधिक सुरीला हो जाता है ?

(अ) नीम (ब) बरगद

(स) इमली (द) गंध-सफेदा

918. इनमें से किस जानवर के सींग नहीं होते हैं ?

(अ) जिराफ (ब) जेब्रा

(स) भैंस (द) याक (तिब्बती साँड़)

919. डयूफैन इंटरफेरॉन से स्मिथक्लिनो बीचैम चालीस करोड़ रुपए लेकर कौन सा ब्रांड भारत लाए थे ?

(अ) कोक (ब) कैडबरी

(स) विप्रो (द) क्रोसिन

920. किस भारतीय शहर का नाम शूर्पणखा की नाक कटने की घटना से जुड़ा हुआ है ?

(अ) आरा (ब) नासिक

(स) कटनी (द) नागपुर

921. ब्राजील की राजभाषा क्या है ?

(अ) स्पेनिश (ब) पुर्तगाली

(स) अंग्रेजी (द) फ्रांसीसी

922. कौन सा जीव सबसे ज्यादा देर तक खड़ा रह सकता है ?

(अ) जिराफ (ब) अफ्रीकी हाथी

(स) घोड़ा (द) चींटी

923. चंद्रमा पर सबसे पहले किस देश का झंडा फहराया ?

(अ) संयुक्त राज्य अमेरिका (ब) सोवियत संघ

(स) भारत (द) ऑस्ट्रेलिया

924. विश्व के किस शहर में सबसे ज्यादा टैक्सियाँ चलती हैं ?

(अ) संयुक्त राज्य अमेरिका (ब) मेक्सिको

(स) यू.के. (द) जापान

925. विश्व की किस एयरलाइन कंपनी से सबसे ज्यादा यात्री सफर करते हैं ?

उत्तर के लिए कृपया पृष्ठ सं. 159 देखें।

(अ) युनाइटेड एयरलाइंस (यू.एस.ए.) (ब) एयर फ्रांस (फ्रांस)
(स) ब्रिटिश एयरवेज, (यू.के.) (द) लुफ्थांसा (जर्मनी)

926. विश्व की सबसे लंबी ऐसी कौन सी यात्रा है, जिसमें यात्री को रेलगाड़ी नहीं बदलनी पड़ती?
(अ) श्रीनगर से कोचीन
(ब) मास्को से पीकिंग
(स) लॉस एंजेल्स से न्यूयॉर्क
(द) न्यूयॉर्क से मेक्सिको शहर

927. विश्व का सबसे बड़ा पुस्तकालय कौन सा है?
(अ) खुदाबक्श लाइब्रेरी (ब) यू.एस. लाइब्रेरी ऑफ कांग्रेस
(स) दिल्ली पब्लिक लाइब्रेरी (द) ब्रिटिश लाइब्रेरी

928. इनमें से सर्वाधिक मूल्यवान् वस्तु कौन सी है?
(अ) सोना (ब) चाँदी
(स) केसर (द) कांस्य

929. गुजरात का छोटा सा कसबा मोरवी किस वस्तु के निर्माण के लिए प्रख्यात है?
(अ) लैंप (ब) रेडियो
(स) ताल (द) दीवार घड़ियाँ

930. वह कौन सा जीव है, जो आँखों की पुतली घूम न पाने से इधर-उधर देखने के लिए अपने सिर को ही घुमाता है?
(अ) उल्लू (ब) कौआ
(स) पंडा (द) शार्क मछली

931. विश्व का सबसे बड़ा संविधान कौन सा है?
(अ) भारतीय संविधान (ब) अमेरिकी संविधान
(स) ब्रिटिश संविधान (द) जापान का संविधान

932. भारत में सबसे पहले सन् 1780 में कौन से समाचारपत्र का प्रकाशन हुआ?
(अ) बंगाल गजट (ब) दि टाइम्स ऑफ इंडिया
(स) लोकमान्य (द) समाज

933. बचपन के समय जब उसके पिता 'फारच्युन' पत्रिका लाते थे तब वह रात

उत्तर के लिए कृपया पृष्ठ सं. 159 देखें।

के समय छिपकर फ्लैश लाइट (कौंध प्रकाश) में यह पत्रिका पढ़ता था। उस व्यक्ति का नाम बताएँ?

(अ) अनिल अंबानी (ब) बिल गेट्स
(स) सबीर भाटिया (द) अजिम प्रेमजी

934. मारुति कंपनी ने पहली मारुति-800 कार किसे समर्पित की थी?

(अ) छतरपुर मंदिर (ब) भारत के राष्ट्रपति
(स) वेंकटेश्वर मंदिर (तिरुपति) (द) जापान के राष्ट्रपति

935. दिल्ली को कौन सा संवैधानिक दर्जा प्राप्त है?

(अ) केंद्रशासित क्षेत्र (ब) राष्ट्रीय राजधानी क्षेत्र
(स) राजधानी (द) राज्य

936. कौन सी धातु स्टील के समान मजबूत होती है, लेकिन उसका वजन स्टील से आधा होता है?

(अ) एल्युमिनियम (ब) पारा
(स) टिटेनियम (द) प्लेटीनम

937. किस शहर को 'शाहजहाँबाद' के नाम से भी जाना जाता है?

(अ) मेरठ (ब) लखनऊ
(स) पुरानी दिल्ली (द) अमृतसर

938. अंतरिक्ष से पृथ्वी किस रंग की दिखाई देती है?

(अ) लाल (ब) हरी
(स) नीला (द) संतरी

939. सन् 1867 में रूस ने अपना कौन सा क्षेत्र 1.25 मिलियन डॉलर में संयुक्त राज्य अमेरिका के हाथों बेच दिया था?

(अ) अलास्का (ब) फेयर बैंक
(स) मॉस्को (द) नेवादा

940. चींटी अपने वजन से कितने गुना ज्यादा वजन खींच सकती है?

(अ) दस गुना (ब) बीस गुना
(स) पचास गुना (द) चालीस गुना

941. गौण (मिश्रित) रंग कौन सा है?

(अ) हरा (ब) संतरी
(स) बैगनी (द) उपर्युक्त सभी

उत्तर के लिए कृपया पृष्ठ सं. 159 देखें।

942. भारत में हिंदी के बाद सबसे ज्यादा बोली जानेवाली भाषा कौन सी है?

(अ) तेलुगु (ब) उड़िया

(स) मराठी (द) तमिल

943. जे.आर.डी. टाटा ने 'पस मोथ' नामक हवाई जहाज कराची से मुंबई तक उड़ाया था। भारतीय विमानन इतिहास रचने के अलावा उस दिन और क्या उल्लेखनीय कार्य हुए?

(अ) चीनी का निर्यात

(ब) टाटा के ट्रकों का पाकिस्तान में निर्यात शुरू

(स) भारतीय कपास का निर्यात

(द) भारत में पहली बार हवाई डाक सेवा शुरू हुई

944. किस ग्रह को 'प्रेम की देवी' माना जाता है?

(अ) पृथ्वी (ब) मंगल

(स) प्लूटो (द) शुक्र

945. सन् 1937 में पृथ्वी 3 सेकंड से भी कम समय में किस छोटे से ग्रह से टकराने से बाल-बाल बची थी?

(अ) हर्म्स (ब) हेली

(स) आस्ट्रिक्स (द) होमर

946. संयुक्त राज्य अमेरिका की पहली राजधानी कौन सी थी?

(अ) न्यूयॉर्क (ब) कैलिफोर्निया

(स) लॉस एंजेल्स (द) वाशिंगटन

947. किस पशु ने सबसे पहले अंतरिक्ष की यात्रा की?

(अ) लाइका (कुत्ता) (ब) एबल (बंदर)

(स) जिम्मी (खरगोश) (द) बेकर (गिलहरी)

948. 19 जुलाई, 1969 किस रूप में उल्लेखनीय तिथि है?

(अ) लोकसभा चुनाव के लिए

(ब) राज्य विधानसभा चुनावों के लिए

(स) बैंकों के राष्ट्रीयकरण के लिए

(द) शिक्षा-नीति निर्धारण के लिए

949. किस महीने में पूरा चाँद नहीं निकलता?

(अ) जनवरी (ब) दिसंबर

उत्तर के लिए कृपया पृष्ठ सं. 160 देखें।

(स) फरवरी (द) अप्रैल

950. कौन सा पक्षी पंख फड़फड़ाए बिना दिन भर उड़ सकता है?

(अ) चील (ब) कंकार्ड

(स) बाज (द) एल्बेट्रॉस

951. कौन सा जानवर आपात स्थिति में अपनी आँखों से खून की पतली धारा निकालकर आत्मरक्षा करता है?

(अ) भेड़िया (ब) सींगवाला टोड (अमेरिकी)

(स) जंगली साँड़ (द) वनमानुष

952. विश्व में सबसे ज्यादा उपयोग की जानेवाली सब्जी कौन सी है?

(अ) आलू (ब) टमाटर

(स) प्याज (द) सीताफल

953. 1 जुलाई, 1955 से पूर्व भारतीय स्टेट बैंक का नाम क्या था?

(अ) नेशनल बैंक (ब) इंडियन बैंक

(स) इंपीरियल बैंक ऑफ इंडिया (द) ट्रस्ट बैंक ऑफ इंडिया

954. किन पाँच नदियों के नाम पर पंजाब राज्य का नाम 'पंजाब' पड़ा?

(अ) सतलुज, रावी, व्यास, चिनाब और झेलम

(ब) यमुना, सरस्वती, रावी, व्यास और झेलम

(स) रावी, व्यास, झेलम, सिंधु और यमुना

(द) सिंधु, रावी, व्यास, सरस्वती और सतलुज

955. कुंती-पुत्र अर्जुन किस देवता के अंश से उपन्न हुए थे?

(अ) सूर्य (ब) नारद

(स) इंद्र (द) धर्मराज

956. आचार्य चाणक्य किस सम्राट् के महामात्य थे?

(अ) चंद्रगुप्त मौर्य (ब) पुष्यमित्र शुंग

(स) चंद्रगुप्त द्वितीय (द) समुद्रगुप्त

957. स्वतंत्रता-संग्राम को नेतृत्व प्रदान करने के उद्देश्य से किस वर्ष महात्मा गांधी दक्षिण अफ्रीका से भारत आए थे?

(अ) सन् 1915 (ब) सन् 1918

(स) सन् 1921 (द) सन् 1922

958. 'महाभारत' में राजा पांडु की मृत्यु कैसे हुई?

उत्तर के लिए कृपया पृष्ठ सं. 160 देखें।

(अ) कुष्ठ रोग से
(ब) ताड़कासुर ने वध किया
(स) शाप के कारण पत्नी माद्री के साथ सहवास करने पर
(द) वन में तक्षक नाग के काटने से

959. अमेरिका ने वियतनाम युद्ध के समय, इसलिए कि वियत जंगलों में छिप न सकें, वहाँ के जंगलों में भारी मात्रा में पेड़ों से पत्ते झाड़ने के लिए कौन सा रसायन छिड़का था ?

(अ) नाइट्रोग्लिसरीन (ब) ट्रीनिट्रोटोल्यून
(स) एजेंट ऑरेंज (द) थोरियम-X

960. भारत में 'इनकलाब जिंदाबाद' का नारा किसने दिया था ?

(अ) खान अब्दुल गफ्फार खाँ (ब) लाला लाजपत राय
(स) सुभाषचंद्र बोस (द) सरदार भगत सिंह

961. 'अर्थशास्त्र' की रचना किसने की थी ?

(अ) अजातशत्रु (ब) कौटिल्य
(स) चंद्रगुप्त (द) कुमारदेव

962. सोवियत संघ में कुल कितने राज्य थे ?

(अ) 10 (ब) 13
(स) 15 (द) 17

963. 'नील' के स्रोत का पता किसने लगाया था ?

(अ) एच.एम. स्टैनली (ब) डेविड लिविंगस्टोन
(स) कैप्टन स्पेक (द) कैप्टेन कुक

964. किस देश ने सबसे पहले राष्ट्रीय ध्वज अपनाया था ?

(अ) इंग्लैंड (ब) डेनमार्क
(स) नीदरलैंड (द) फ्रांस

965. भारत की स्वाधीनता-प्राप्ति के समय ब्रिटेन का प्रधानमंत्री कौन था ?

(अ) विंस्टन चर्चिल (ब) एन्युरिन बेवन
(स) एंथनी ईडन (द) क्लिमेंट एटली

966. 13 अप्रैल, 1919 को जलियाँवाला बाग में गोरे सैनिकों द्वारा कुल कितनी गोलियाँ चलाई गई थीं ?

(अ) 1600 (ब) 1800

उत्तर के लिए कृपया पृष्ठ सं. 160 देखें।

(स) 2000 (द) 2100

967. भारत में सबसे पहले पारसी समुदाय कब आया था ?

(अ) चौदहवीं शताब्दी (ब) ग्यारहवीं शताब्दी

(स) नौवीं शताब्दी (द) आठवीं शताब्दी

968. प्राय: भारत में मंदिरों के आस-पास शहर बसते थे, लेकिन कौन सा पूरा शहर मंदिर के ही अहातों में बसा है ?

(अ) मदुरै (ब) अयोध्या

(स) ज्वालाजीकाँगड़ा के पास (द) श्रीरंगम् (त्रिची के पास)

969. दिल्ली का जंतर-मंतर किसने बनवाया था ?

(अ) लॉर्ड क्लाइव (ब) सवाई जयसिंह

(स) शाहजहाँ (द) शेरशाह सूरी

970. नई दिल्ली में इंडिया गेट पर कितने जवानों (अमर शहीदों) के नाम अंकित हैं ?

(अ) 10,000 (ब) 11,333

(स) 13,516 (द) 15,111

971. सन् 1947 में भारत में कश्मीर राज्य के विलय संबंधी दस्तावेज पर वहाँ के किस शासक ने हस्ताक्षर किए थे ?

(अ) कर्ण सिंह (ब) शेख अब्दुला

(स) अजातशत्रु (द) महाराजा हरि सिंह

972. महाराणा प्रताप के घोड़े का नाम क्या था ?

(अ) लाली (ब) डेविड

(स) छोटू (द) चेतक

973. सन् 1925 में नागपुर में राष्ट्रीय स्वयंसेवक संघ की संस्थापना किसने की थी ?

(अ) बाल गंगाधर तिलक (ब) डॉ. के.बी. हेडगेवार

(स) दादाभाई नौरोजी (द) विपिनचंद्र पाल

974. पाँचवें दशक के आरंभ में किस भारतीय पायलट ने इंडोनेशिया के स्वतंत्रता सेनानियों को बचाया था ?

(अ) जे.आर.डी टाटा (ब) राजेश पायलट

(स) बीजू पटनायक (द) नेताजी बोस

उत्तर के लिए कृपया पृष्ठ सं. 160 देखें।

975. शीत युद्ध के दौरान जिन देशों ने अमेरिका और सोवियत संघ में से किसी भी देश का साथ नहीं दिया था, उन देशों के लिए 'गुटनिरपेक्ष' शब्द किसने गढ़ा?

(अ) जवाहर लाल नेहरू (ब) महात्मा गांधी

(स) सी. राजगोपालाचारी (द) वी.के कृष्णमेनन

976. आल्प्स की किस सर्वोच्च चोटी के नाम पर किसी ब्रांड का नाम रखा गया?

(अ) व्हर्लपूल (ब) कार्टियर

(स) माउंट ब्लैंक (द) केल्विनेटर

977. किस पौधे या पेड़ के नाम पर 'केरल' नाम रखा गया?

(अ) नारियल (ब) केला

(स) खजूर (द) ताड़

978. 'स्याम' देश का नया नाम क्या है?

(अ) मलेशिया (ब) म्याँमार

(स) थाईलैंड (द) इंडोनेशिया

979. विश्व में सबसे अधिक सार्वजनिक पुस्तकालय किस देश में हैं?

(अ) चीन (ब) भारत

(स) रूस (द) इंग्लैंड

980. किस भारतीय राज्य को 'स्पाइस ऑफ इंडिया' के रूप में जाना जाता है?

(अ) असम (ब) केरल

(स) महाराष्ट्र (द) पश्चिम बंगाल

981. समुद्र पार लंका में जाने के लिए भगवान् राम की सेना में समुद्र पर सेतु किसने बनवाया था?

(अ) हनुमान (ब) नल

(स) बालि (द) सुग्रीव

982. सबसे ऊँची उगनेवाली घास कौन सी है?

(अ) चीड़ (ब) कैरिआप्सिस

(स) इंग्लिश घास (द) बाँस

983. किस शहर को 'द बिग एप्पल' कहा जाता है?

(अ) न्यूयॉर्क (ब) शिकागो

उत्तर के लिए कृपया पृष्ठ सं. 160 देखें।

(स) पनामा (द) पेरिस

984. विश्व प्रकृतिनिधि के प्रतीक (लोगो) में कौन सा पशु दरशाया गया है?

(अ) पंडा (ब) शेर

(स) भालू (द) कंगारू

985. महाभारत युद्ध में कर्ण का सारथि कौन बना था?

(अ) श्रीकृष्ण (ब) शल्य

(स) अधिरथ (द) मातलि

986. 'ट्विंकल ट्विंकल लिटल स्टार' धुन किसने बनाई थी?

(अ) मोजार (ब) बिथोवन

(स) चार्ली चर्च (द) पवारोटे

987. किस खनिज पदार्थ से एल्युमीनियम प्राप्त होता है?

(अ) बॉक्साइट (ब) फैल्डस्पार

(स) लिग्नाइट (द) जिप्सम

988. विश्व के किस देश में इन खनिज पदार्थों का बहुत बड़ा भंडार है— बॉक्साइट, क्रोमियम, ताँबा, लोहा, सीसा, मैगनीज, निकल, टिन और जिंक?

(अ) कनाडा (ब) ऑस्ट्रेलिया

(स) रूस (द) चीन

989. किस पशु में गर्भावधि सबसे लंबी होती है?

(अ) गैंडा (ब) अफ्रीकी हाथी

(स) नीली ह्वेल मछली (द) ऊँट

990. विश्व में दुर्लभप्राय विशाल स्तनपायी जीव कौन सा है?

(अ) जावा द्वीप का गैंडा (ब) ह्वेल

(स) विशाल कछुआ (द) हाथी

991. पृथ्वी का सबसे अधिक शोर मचानेवाला थल जीव कौन सा है?

(अ) चिपांजी (ब) गोरिल्ला

(स) हाउलर बंदर (द) जिराफ

992. सबसे ज्यादा बुद्धिमान् स्तनपायी जीव कौन सा है?

(अ) बंदर (ब) हाथी

(स) चिंपांजी (द) गोरिल्ला

उत्तर के लिए कृपया पृष्ठ सं. 160 देखें।

993. कौन सा जानवर सबसे ज्यादा सोता है ?
(अ) बिल्ली
(ब) गिलहरी
(स) स्लॉथ (सुस्त अमेरिकी भालू)
(द) कोआला (ऑस्ट्रेलिया का रीछ)

994. विश्व की कौन सी एकमात्र मछली अपना घोंसला बनाती है ?
(अ) स्टिकलवैक्स (ब) सेलफिश
(स) ब्लू मछली (द) टारपन

995. विश्व में सबसे तेज उड़नेवाला पक्षी कौन सा है ?
(अ) फ्रीगेट (बड़ा जलपक्षी) (ब) कबूतर
(स) अबाबील जाति का पक्षी (द) तोता

996. किस फल में सबसे अधिक कैलोरी होती है ?
(अ) आम (ब) अंगूर
(स) अनन्नास (द) एवोकाडो

997. तितली (butterfly) का अंग्रेजी में मूल नाम क्या था ?
(अ) फ्लटरबाई (ब) फ्लाईबाई
(स) बटरबर्ड (द) लिट्लबटर

998. इमली में कौन सा अम्ल पाया जाता है ?
(अ) एसेटिक अम्ल (ब) टार्टरिक अम्ल
(स) नाइट्रिक अम्ल (द) एस्कॉरबिक अम्ल

999. टेलीविजन का आविष्कार किसने किया था ?
(अ) थॉमस एल्वा एडिसन (ब) एलेक्जेंडर ग्राहम बेल
(स) जॉन लॉगे बेयर्ड (द) राइट बंधु

1000. केबल न्यूज नेटवर्क (सी.एन.एन.) के संस्थापक कौन हैं ?
(अ) रपर्ट मर्डोक (ब) टैड टर्नर
(स) बिल गेट्स (द) कैरी पैकर

उत्तर के लिए कृपया पृष्ठ सं. 160 देखें।

उत्तर-सूची

1. (स) दि गिनीस बुक ऑफ रिकॉर्ड्स
2. (द) भास
3. (अ) जे.जी.फॉरेल
4. (द) बोस्टन पब्लिक लायब्रेरी
5. (द) जी.शंकर कुरुप (मलयालम)
6. (द) लेखक की मृत्यु के बाद पचास वर्ष या प्रकाशन की तारीख से पचास वर्ष तक, इसमें जो भी बाद में हो
7. (स) मराठी
8. (द) आर.एफ.ए. सूली–प्रधोम्मे
9. (ब) चार्ल्स डिकेंस
10. (द) यहाँ पर संयुक्त राज्य अमेरिका का बहुत बड़ा सैन्य अड्डा था
11. (ब) सर विलियम जोंस
12. (ब) हिग्नीबॉथम्स, चेन्नई
13. (स) वराहमिहिर की 'बृहत्संहिता'
14. (स) लियोपॉल्ड सेडर सैंगर
15. (स) कान्हा
16. (द) रवींद्रनाथ टैगोर
17. (अ) ब्राह्मण
18. (अ) बीरेंद्र कुमार भट्टाचार्य
19. (स) लिनी द एल्डर : नैचुरल हिस्ट्री
20. (ब) दंडिन
21. (ब) आर.के. नारायण
22. (ब) कंबन
23. (स) ऐन और जेन टेलर
24. (ब) हरिवंश राय बच्चन
25. (ब) चार्ल्स विल्किंस
26. (अ) ब्राह्मी
27. (स) छठवाँ
28. (ब) मध्य प्रदेश में
29. (ब) साहू एम.पी. जैन
30. (स) सन् 1957
31. (स) जी.एम. ट्रेविलेन
32. (ब) हेनरी बर्गसन
33. (ब) सन् 1969
34. (अ) जवाहरलाल नेहरू
35. (ब) धनपतराय
36. (ब) मैसूर
37. (ब) 14 सितंबर, 1949
38. (स) सरस्वती
39. (अ) अनुच्छेद 343
40. (अ) विद्यापति
41. (अ) अष्टाध्यायी
42. (द) गार्सां द ताँसी
43. (अ) तुलसीदास
44. (अ) 1893 ई.
45. (द) रामधारी सिंह दिनकर
46. (ब) प्रियप्रवास
47. (अ) 30 मई, 1826
48. (अ) प्रेमचंद

49. (अ) नागपुर
50. (द) स्पेन
51. (द) बुद्धिजीवी
52. (द) वी.के. कृष्णमेनन
53. (स) भारत, यूगोस्लाविया, मिस्र
54. (अ) डेविड ऑक्टेवियन
55. (द) सुभाषचंद्र बोस
56. (द) राष्ट्रीय विकास परिषद्
57. (ब) सी. राजगोपालाचार्य
58. (स) सन् 1925
59. (स) मुजफ्फराबाद
60. (ब) सन् 1966
61. (अ) 'यूनेस्को' कॉन्फ्रेंस
62. (ब) चीन
63. (अ) 15
64. (द) स्विट्जरलैंड
65. (अ) अमेरिका
66. (ब) बयालीसवें
67. (द) सात वर्ष
68. (ब) 32
69. (ब) विजयलक्ष्मी पंडित
70. (द) केवल कॉमनवेल्थ के सदस्य देश परस्पर उच्चायुक्त भेजते हैं
71. (द) मोजांबिक
72. (ब) बी.आर. आंबेडकर
73. (अ) मॉरीशस
74. (द) टॉनी ब्लेयर
75. (स) मोरारजी देसाई
76. (अ) विंस्टन चर्चिल
77. (अ) यू थांट
78. (द) फ्रांस
79. (अ) बिलासराव देशमुख
80. (अ) ज्योति बसु
81. (ब) नंदिनी सत्पथी
82. (स) बंकिमचंद्र चटर्जी
83. (ब) तेलुगु देशम पार्टी
84. (स) चौबीस
85. (स) आर.के. षण्मुधम् शेट्टी
86. (अ) अटल बिहारी वाजपेयी
87. (द) मोरारजी देसाई
88. (ब) अब्राहिम लिंकन
89. (ब) जवाहर लाल नेहरु
90. (ब) 25 वर्ष
91. (स) टी.एन. शेषन
92. (स) महान्यायवादी
93. (द) अनुच्छेद 32
94. (ब) सात
95. (स) सन् 1967
96. (द) अनुच्छेद 324
97. (द) 2 वर्ष 11 माह 18 दिन
98. (अ) राष्ट्रपति आजनहॉवर
99. (ब) प्लेखानोव
100. (स) माओ
101. (स) 1965-73
102. (द) गणेश वासुदेव मावलंकर
103. (अ) डॉ. सर्वपल्ली राधाकृष्णन
104. (स) सरदार वल्लभभाई पटेल
105. (अ) पाँचवीं
106. (अ) उत्तर प्रदेश
107. (अ) 19(1)(ए)
108. (अ) नई दिल्ली
109. (अ) राष्ट्रपति
110. (द) 4
111. (अ) डॉ. राजेंद्र प्रसाद
112. (द) 2
113. (द) टूट या विवाद होने तक
114. (स) वितस्ता
115. (द) गोदावरी
116. (द) सन् 1961

117. (स) पीं.सी. राय
118. (अ) 2500-1500 ई.पू.
119. (अ) जोसेफिन
120. (स) टी.बी. मैक्यावली
121. (स) बाईसवाँ
122. (स) सन् 1453 ई.
123. (ब) सामंतशाती का पतन
124. (अ) जनरल मांटगुमरी
125. (द) ईश्वरचंद्र विद्यासागर
126. (स) मेफ्लॉवर
127. (स) राजा राममोहन राय
128. (स) रानी विक्टोरिया
129. (अ) इराक
130. (ब) किन-शि ह्वेनदी
131. (ब) कैथरीन पर्र
132. (ब) एथेंस पर फारस का आक्रमण, जब यूनानियों को विजय मिली थी
133. (स) वाटरगेट के रूप में ज्ञात डेमोक्रेटिक पार्टी मुख्यालय में चोरी
134. (अ) छली नल के शरीर से पसीना नहीं आ रहा था
135. (ब) सरकार को बलपूर्वक हटाना
136. (द) 1861 और 1865
137. (द) उसने आत्महत्या कर ली
138. (ब) कांस्टेंटाइन प्रथम
139. (द) उस पर हिटलर की हत्या का षड्यंत्र रचने का आरोप लगाया गया तथा उसे जहर पीने के लिए विवश किया गया
140. (अ) देवदत्त
141. (स) नार्वे
142. (द) थॉमस जेफरसन
143. (ब) मार्क्स जूनियस ब्रूटस
144. (द) चीन
145. (स) नौ पांडव और एक कौरव
146. (द) ऑगस्टस
147. (स) हेरोड एंटीपास
148. (द) पंजाब
149. (स) व्यास
150. (अ) एडवर्ड षष्ठम
151. (द) अकबर
152. (द) उसे म्याँमार (बर्मा) में देशनिकाला दे दिया था
153. (स) सन् 1997
154. (ब) सन् 1937
155. (स) तीन बार
156. (स) कुतुबुद्दीन ऐबक
157. (स) सत्रह
158. (ब) 4 दिसंबर, 1829
159. (ब) नादिरशाह
160. (अ) पाकिस्तान
161. (अ) त्रिभुवन हवाई अड्डा
162. (अ) मीरा साहिब फातिमा बीवी
163. (ब) शाहजहाँ
164. (स) छह
165. (द) तूतनखेमन का कफन
166. (अ) महात्मा गांधी
167. (अ) इकबाल
168. (स) जन-गण-मन
169. (ब) गुरु रामदास
170. (अ) गुप्त काल
171. (द) 60 वर्ष
172. (स) अमेरिगो वेस्पजी
173. (अ) अकबर
174. (ब) महारानी लक्ष्मीबाई
175. (ब) 22 वर्ष
176. (अ) डब्ल्यू.सी. बनर्जी

177. (अ) जॉब चार्नाक
178. (स) जापान का हिरोहितो परिवार
179. (स) जुलाई
180. (स) तापमान
181. (स) लेक सुपीरियर
182. (स) टर्की
183. (ब) मैकमोहन रेखा
184. (स) क्वींसलैंड
185. (स) विक्टोरिया जलप्रपात
186. (अ) सुमात्रा
187. (ब) ब्रुनेई
188. (द) सिंगापुर
189. (द) संयुक्त राज्य अमेरिका
190. (द) बृहस्पति
191. (ब) ग्रीनलैंड
192. (ब) मर्क्युली स्केल
193. (अ) गंगा
194. (ब) रूस
195. (ब) परती भूमि
196. (अ) इग्लू
197. (द) चीन
198. (ब) सहारा
199. (ब) मलक्का जलडमरूमध्य
200. (ब) येलो रिवर
201. (ब) गुजरात
202. (अ) पीला समुद्र
203. (ब) चक्रवात
204. (ब) सुंदरवन
205. (द) युगांडा
206. (अ) यूरेशिया
207. (स) स्थलमंडल
208. (द) लुब्धक (साइरस) तारा
209. (स) अर्नेस्ट हैकेल
210. (द) हिप्पोक्रेटस
211. (स) अशोक
212. (अ) रिचर्ड डॉल
213. (ब) भारत
214. (ब) फॉर्मेल्डिहाइड
215. (द) कॉर्बेट नेशनल पार्क
216. (स) इटली
217. (स) पेरिस (फ्रांस)
218. (स) हेनरी बेक्वेरल
219. (स) वी.आई. वर्नाद्स्की
220. (द) रिचर्ड सेंटर बार्ब बेकर
221. (ब) ओजोन
222. (द) लाइकेन
223. (अ) एस्ट्रोजेन
224. (ब) भारत
225. (ब) नीम
226. (ब) अंबरग्रिस
227. (ब) चूना
228. (अ) खोई (बैगीस)
229. (अ) जेनेवा
230. (ब) लिबर्टी द्वीप
231. (स) सिंहली
232. (ब) 420
233. (स) बाँस की तलवार
234. (अ) केंटिश
235. (स) रॉयल डेनिश बैले (कोपेनहेगन)
236. (द) हैले
237. (ब) पहली शती ई.
238. (द) कैंडो
239. (स) गीतगोविन्दम्
240. (अ) डॉरिक
241. (अ) स्टेवस
242. (ब) इटली
243. (अ) वायलिन
244. (अ) आंध्रप्रदेश
245. (ब) पटियाला
246. (स) हुमायूँ का मकबरा

247. (ब) तंजावूर
248. (ब) एजेक्जेंडर कनिंघम
249. (द) मृदु होता है
250. (अ) उस्ताद अमीर खुसरो
251. (द) प्रियंका गांधी
252. (द) केरल
253. (ब) विश्वमोहन भट्ट
254. (अ) पटना
255. (स) भरहुत
256. (अ) शंकर
257. (स) सूर्य
258. (अ) 600 ई.पू.
259. (स) गुरुदेव अर्जनदेव
260. (स) यशोदा
261. (स) परशुराम
262. (द) ऋषिपत्तन
263. (अ) सेंट पीटर्स चर्च
264. (ब) जॉन लॉक
265. (ब) माना जाता है कि केवल व्यक्ति द्वारा व्यक्त ज्ञान से ही मोक्ष पाया जा सकता है
266. (अ) 5
267. (स) सफेद घोड़े पर सवार कल्कि
268. (स) नासिक, उज्जैन
269. (स) ब्रह्मा
270. (स) नारदीयपुराण
271. (अ) अंगिरा
272. (ब) किसी निश्चित तारे स्थिति पर लौटने में चंद्रमा को लगनेवाला समय
273. (ब) ख्वाजा मोइनुद्दीन चिश्ती
274. (द) बिहार
275. (अ) मकरध्वज
276. (ब) चित्रगुप्त
277. (ब) हस्तरेखा विज्ञान
278. (द) अशोक
279. (अ) अश्विनीकुमार
280. (द) पार्वती
281. (ब) काजू
282. (स) पुष्कर
283. (अ) नारद मुनि
284. (स) सूर्य देव
285. (अ) विश्वामित्र
286. (द) 84 लाख
287. (ब) मांडवी
288. (ब) सेंटोर
289. (स) द्रौपदी
290. (द) अक्षयकुमार
291. (अ) भगवान् कृष्ण
292. (द) युधिष्ठिर
293. (अ) चैत्र
294. (अ) नौ
295. (ब) तोता
296. (अ) योग
297. (स) धम्मपद
298. (द) बोधिसत्त्व
299. (स) उर्मिला
300. (अ) वारणावत
301. (अ) रत्नाकर
302. (अ) ऋग्वेद
303. (अ) मत्स्य
304. (स) चौदह
305. (ब) शेषनाग
306. (अ) भीष्म पितामह
307. (अ) गणेश
308. (ब) पाञ्चजन्य
309. (ब) युधिष्ठिर
310. (ब) चक्र
311. (अ) युयुत्सु
312. (ब) भीमसेन

313. (अ) 10
314. (ब) 10,000
315. (ब) सुदर्शन
316. (ब) विदुर
317. (ब) इंद्र
318. (स) उच्चैःश्रवा
319. (स) रामेश्वर
320. (अ) क्षीरोद सागर
321. (स) ऐरावत
322. (अ) सावित्र
323. (द) बालि
324. (द) गौतम
325. (ब) भृगु-पत्नी
326. (ब) अंगद
327. (स) महेंद्र
328. (द) विंदु सरोवर
329. (अ) पूर्व
330. (स) प्रारंभिक (प्राथमिक) शिक्षा के अध्यापकों का प्रशिक्षण स्कूल
331. (ब) ऑक्सफोर्ड
332. (स) बाएँ से दाएँ और दाएँ से बाएँ बारी-बारी पढ़ना
333. (द) E
334. (द) कलकत्ता
335. (स) अन्ना राजम जॉर्ज
336. (अ) तलवार
337. (अ) थॉमस एल्वा एडीसन
338. (ब) फील्ड पदक
339. (ब) रामकृष्ण परमहंस
340. (द) वीणा
341. (अ) विनोबा भावे
342. (अ) विष्णु शर्मा
343. (स) जैन
344. (अ) FORTRAN
345. (स) अस्थि मज्जा
346. (अ) फ्रैंक व्हिटल
347. (द) 9.5 लाख कि.मी.
348. (ब) ताँबा, टिन और जिंक
349. (अ) एसीटिक एसिड
350. (द) 600 वॉल्ट्स
351. (स) फॉरेस्ट ऑटिकोलॉजी
352. (अ) शिव कुमार
353. (ब) प्लूटो
354. (ब) बुध
355. (द) पौधों का मिट्टी के बिना संवर्धन
356. (स) निकिल
357. (द) द्रव पदार्थ में डाली गई वस्तु हटाए गए पानी के भार के बराबर ऊपर की ओर उछलेगी/उठेगी
358. (अ) बैक्टीरिया तथा बायोलॉजिकल युद्ध समान है
359. (अ) 3 C-273
360. (अ) एल्गोमीटर
361. (स) पक्षी
362. (ब) इंडियन एसोसिएशन फॉर द कल्टीवेशन ऑफ साइंस, कोलकाता
363. (ब) निकोलस कोपरनिक्स
364. (द) नामीबिया
365. (अ) सन् 1928
366. (द) मैगनीज
367. (स) कानडा
368. (अ) बुध
369. (ब) अपशिष्ट पदार्थों की अभिक्रिया
370. (स) एम.एस. स्वामीनाथन
371. (अ) सन् 1961
372. (स) जॉन वॉन न्यूमैन
373. (ब) सन् 1961

374. (ब) आइनोस्फेयर
375. (अ) 4° सेंटिग्रेड
376. (अ) सन् 1930
377. (स) न्यूट्रान
378. (स) स्टैनली एल. मिलर
379. (स) यकृत (लीवर)
380. (अ) कार्बन डाइऑक्साइड
381. (स) क्रोमियम
382. (अ) थायराइड हारमोन
383. (स) रिचर्ड ई. बियर्ड
384. (स) इंग्लैंड
385. (अ) डब्ल्यू.सी. रोएंटगेन
386. (अ) जो एंजेल
387. (द) जबड़ा
388. (स) 14,96,04,970 कि.मी.
389. (स) सन् 1969
390. (स) चेन्नई
391. (द) 4.22 प्रकाशवर्ष
392. (द) लिनस पाउलिंग
393. (ब) गॉटलिब डेमलर
394. (ब) जैक्स वेस कोस्टयू
395. (स) शुक्र
396. (अ) 3.26 प्रकाशवर्ष
397. (ब) 10 से 16 वर्ष के बीच
398. (ब) भास्कर
399. (ब) इलेक्ट्रॉनिक पल्स
400. (स) गैसों में नमी की मात्रा
401. (अ) जे.बी. डनलप
402. (स) तुबा
403. (ब) नील एल्ड्रिन आर्मस्ट्रांग
404. (द) जेमिनी
405. (द) ग्लूकोज
406. (स) आनंद चक्रबर्ती
407. (स) पित्त में क्रिस्टल
408. (अ) घास का विज्ञान
409. (अ) 1500
410. (द) मैग्नेट
411. (अ) कॉर्क
412. (ब) टंगस्टन
413. (ब) सन् 1963
414. (अ) वाल्टर हंट
415. (ब) मंगल
416. (स) 36.9°
417. (द) राइटर स्केल
418. (अ) सूर्यग्रहण द्वारा
419. (अ) जॉन वेन न्यूमैन तथा एडवर्ड टेलर
420. (स) जापान
421. (स) 25,00,00,000 वर्ष
422. (स) शुक्र
423. (ब) नाइट्रस ऑक्साइड
424. (द) श्रीनिवास रामानुजन
425. (द) मस्तिष्क
426. (द) ल्यूना
427. (स) मैरिडा (मेक्सिको)
428. (ब) जूससी
429. (स) डॉल्फिन
430. (स) सन् 1958
431. (अ) यह सौंपा गया विशेष कार्य करता है
432. (अ) कास्मोनॉट
433. (अ) लौह
434. (स) कोमोडो ड्रेगन
435. (ब) क्लब सोडा
436. (स) के
437. (अ) 206
438. (ब) 2 सेकंड से कम
439. (द) एरंड का तेल
440. (अ) ब्रोमाइन
441. (स) पेंग्विन

442. (ब) ओसमियम
443. (अ) प्लाईवुड
444. (ब) सुपर कंप्यूटर
445. (स) पानी में डूबने पर दिखाई नहीं देता
446. (स) विटामिन के
447. (स) फॉरेनहाइट
448. (अ) बिजली चमकना
449. (अ) लैक्टोज
450. (स) एंड्रॉइड
451. (स) हाइड्रोफ्लोरिक एसिड
452. (ब) शीशा
453. (द) प्लेटिनम
454. (ब) स्वीडन
455. (स) वैनिला
456. (ब) तंतु प्रकाशिकी
457. (अ) दूर
458. (ब) 1,024
459. (द) लोहा, क्रोमियम और निकल
460. (द) विटामिन $बी_1$
461. (अ) एडविन एल्ड्रिन
462. (स) पवनमापी (एनीमोमीटर)
463. (स) रक्त
464. (स) रक्त का थक्का जम जाने से धमनी या शिरा में रुकावट आना
465. (अ) विटामिन बी
466. (स) 3 मिनट
467. (ब) विटामिन ई
468. (स) मसूड़ों की सूजन
469. (द) चेकोस्लोवाकिया
470. (ब) टिटनस
471. (स) बहरापन
472. (ब) 6 मीटर
473. (द) घोर मानसिक और शारीरिक
474. (स) टेटनस
475. (द) किसी भी प्रकार से नहीं
476. (द) पुरुषों का उभरा वक्ष
477. (स) विटामिन $बी_{12}$
478. (अ) 1-3 माह
479. (द) मोतियाबिंद के ऑपरेशन के बाद आँखों से लेंस हटा लिये जाते हैं
480. (अ) 1 से 1.4 प्रतिशत
481. (द) ओ
482. (ब) 1.5 लीटर
483. (द) लगभग 3,000
484. (स) इलाहाबाद
485. (स) जीन लेमार्क
486. (अ) 1 मि.ली. या अधिक
487. (स) विटामिन डी
488. (द) घेंघा रोग
489. (द) रक्त जमाने में सहायता करता है
490. (द) अग्निवेश
491. (अ) मक्खी
492. (ब) इससे वसा और वसा-घुलनशील विटामिन घुल जाते हैं
493. (अ) ग्लूकोज
494. (ब) ई.वी. मैककॉलम
495. (द) 6.2 लीटर
496. (द) गाउट
497. (ब) यकृत
498. (ब) ब्रेव न्यू वर्ल्ड
499. (द) त्वचा
500. (अ) कार्निया
501. (द) कैल्शियम
502. (स) तैराकी
503. (द) मेलेनिन
504. (द) 4-5 लीटर

505. (अ) अंतर्ज्ञान
506. (ब) सर एलेक्जेंडर फ्लेमिंग
507. (ब) तीन माह
508. (ब) दो
509. (ब) हरड़, बहेड़ा, आँवला
510. (ब) वृक्क
511. (द) आँख
512. (स) 46
513. (द) एडविन पी. हबल
514. (द) आर्यभट्ट प्रथम
515. (स) कैरोलिन हर्शेल
516. (स) ग्रोटे रेबर
517. (द) बॉन
518. (स) लूनिक-1
519. (द) ओलॉस रीमर
520. (अ) जे.जी. गैले
521. (अ) नॉर्मन लॉकीर
522. (ब) चार्ल्स कोवल
523. (ब) एसफ हॉल
524. (अ) सैमुएल पी. लैंग्ली
525. (ब) ऑस्ट्रेलिया
526. (ब) ऑस्ट्रेलिया
527. (स) ओररी
528. (ब) एस्टोग्राफ
529. (ब) एंथ्रोपिक सिद्धांत
530. (द) खगोलीय इकाई
531. (द) अब तक कुछ स्पष्ट नहीं है
532. (अ) 4600 मिलियन साल
533. (अ) बुध
534. (द) शुक्र
535. (द) लगभग 24 दिन
536. (ब) कैस्टर
537. (ब) प्रॉक्सिमा सेंटॉरी
538. (द) अरबी अंकों में 'शून्य' (जीरो) है
539. (द) बारह
540. (द) 432,000 वर्ष
541. (अ) लगभग 100
542. (ब) सन् 1850
543. (ब) 4
544. (द) 247 एकड़
545. (ब) ब्रह्मगुप्त
546. (स) रामानुज
547. (ब) 100 मीटर
548. (द) 7
549. (ब) ब्रह्मगुप्त
550. (द) 8 मिनट
551. (ब) 27.3 दिन
552. (ब) 4
553. (द) सन् 1958
554. (अ) 37°
555. (ब) द्रास
556. (ब) जेरा कोलबर्न
557. (अ) निकोलो तारतागलिया
558. (ब) आर्यभट्ट
559. (स) पाँचवीं सदी से पूर्व
560. (ब) एड्रि-मेरी लीगेंद्रे
561. (अ) ऑर्थर केली
562. (स) 1729
563. (अ) त्रिभुज के अंदर के वृत्त की
564. (अ) थॉमस हैरिएट
565. (अ) रॉबर्ट रिकॉर्ड
566. (अ) दस वर्ष
567. (ब) नोना
568. (अ) सिब्बल्ड का रोरक्वैल (बालेनोप्तेरा मुस्कुलुस)
569. (ब) शुतुरमुर्ग (स्त्रूतिओ कामेलुस)
570. (ब) गालपागोस कछुआ (तेस्तुदो एलेफांतोपुस)

571. (अ) एस्चुअरी का मगरमच्छ (क्रोकोदिलुस पोरोसुस)
572. (अ) किंग कोबरा (ओफिओफागुस हन्ना)
573. (स) नर पतंगा (एउदिआ पावोनिआ)
574. (स) एशियाई हाथी (एलेफास माक्सिमुस)
575. (अ) छछूँदर
576. (ब) वेनिसन
577. (ब) रैकून कुत्ता (निक्तेरेउतेस प्रोचिओनोइदेस)
578. (ब) साइबेरियाई साकिन (क्रापा इबेक्स सिबिरिका)
579. (ब) गिलहरी
580. (ब) दो जीवन होना
581. (स) बहराइच (उत्तर प्रदेश)
582. (ब) कान्हा राष्ट्रीय उद्यान (मध्य प्रदेश)
583. (अ) उनमें स्वेद-ग्रंथि नहीं होती है, इसलिए मुँह के जरिए पानी को वाष्पीकृत करने के बाद वे ठंडे होते हैं
584. (स) सजीवों की आकृति का अध्ययन
585. (ब) चींटी खानेवाला मिरमीकोफैगिडी परिवार का शल्कदार जीव
586. (अ) साइबेरियन वर्ग या जलीय स्तनधारी
587. (स) असम (भारत)
588. (स) चिंपांजी (पान त्रोग्लोदितेस)
589. (अ) हिरण (एपिचेरोस मेलाम्पुस)
590. (ब) 7
591. (अ) पेषणी (गिजार्ड) में
592. (अ) ग्रेब्स (गोडिसिपिडीफॉर्म्स)
593. (द) कंप्यूटर
594. (अ) तेज गणना करनेवाली मशीन का निर्माण
595. (अ) ब्लेज पास्कल
596. (ब) एनालिटिकल इंजन
597. (अ) चार्ल्स बैबेज
598. (अ) लेडी एडा लवलेस
599. (अ) मार्क-I
600. (ब) 5
601. (द) प्रति सेकंड तीन बच्चों का जन्म
602. (अ) माइक्रो कंप्यूटर, मिनि कंप्यूटर, मेनेफ्रेम कंप्यूटर और सुपर कंप्यूटर
603. (अ) 256 KB
604. (स) तीन
605. (द) आई.बी.एम.
606. (अ) एक घटक, जिसपर बड़ी मात्रा में इलेक्ट्रॉनिक परिपथ (सर्किट) बने होते हैं।
607. (अ) अमेरिकन स्टैंडर्ड कोड फॉर इन्फॉर्मेशन इंटरचेंज
608. (अ) सेंट्रल प्रोसेसिंग यूनिट
609. (द) इंटरनेट
610. (अ) सूचित करने के लिए सॉफ्टवेयर उपकरणों के द्वारा प्रयुक्त होनेवाली एक स्कीम
611. (अ) डाटा पैकेट पर मंजिल का पता-संबंधी सूचना लगाना
612. (ब) रूटर
613. (अ) लॉगइन/एकाउंट
614. (ब) लीज्ड लाइन
615. (स) टेलीफोन, मोडम, कंप्यूटर
616. (ब) वर्ल्ड वाइड वेब

617. (अ) हाइपर टेक्स्ट ट्रांसफर प्रोटोकॉल
618. (ब) डिजिटल कंप्यूटर
619. (ब) कंप्यूटर की सबसे छोटी इकाई
620. (अ) वोलाटाइल मेमोरी
621. (अ) बेस मेमोरी
622. (अ) यह लचीली प्लास्टिक सामग्री की बनी होती है
623. (अ) फ्लॉपी की क्षमता
624. (अ) स्क्रीन को स्पर्श (टच) करना
625. (अ) कलर ग्राफिक्स एडेप्टर
626. (स) रिजोल्यूशन
627. (अ) मॉनिटर
628. (ब) लियॉन स्पिंक
629. (स) फाइटिंग क्षेत्र
630. (ब) सन् 1980
631. (ब) 70 मिनट
632. (स) ध्यानचंद
633. (स) सन् 1980
634. (स) केरल
635. (अ) माइक टायसन
636. (स) हैलेन विल्स मूडी
637. (स) नाडिया कॉमानेकि
638. (स) ब्रेस्टस्ट्रोक
639. (स) ऑक्सफोर्ड कॉलेज के अध्यक्ष (प्रेसीडेंट)
640. (ब) सन् 1951
641. (ब) क्लाइव लॉयड
642. (अ) सन् 1896
643. (स) फिनलैंड
644. (द) लंबी दूरी तक तैराकी, साइकिल तथा दौड़
645. (ब) अर्जेंटीना
646. (ब) सन् 1948
647. (स) बैडमिंटन
648. (स) अनातोली कारपोव
649. (ब) सन् 1964-67
650. (द) सन् 1905
651. (स) डब्ल्यू.जी. ग्रेस
652. (स) सन् 1896
653. (स) संयुक्त रात्य अमेरिका
654. (स) कोलकाता
655. (स) तीन
656. (अ) दौड़
657. (स) मुक्केबाजी
658. (अ) मानसिक रूप से पिछड़े व्यक्ति
659. (ब) डार्ट्स
660. (स) 10'
661. (स) नाक-दौड़
662. (ब) स्कॉटलैंड
663. (अ) भारत
664. (स) अमेरिका
665. (ब) उरुग्वे
666. (द) ग्राहम गूच
667. (ब) रॉकी मारकीनो
668. (द) याशुहिरो यामशिता
669. (स) पश्चिम जर्मनी
670. (द) मिस्र
671. (ब) अमदाबाद
672. (स) सुनील गावस्कर
673. (अ) मेलबोर्न क्रिकेट ग्राउंड, ऑस्ट्रेलिया
674. (अ) सन् 1928-56
675. (ब) सन् 1972
676. (अ) सन् 1930
677. (द) ब्रायन लारा
678. (द) इनमें से कोई नहीं
679. (ब) आठवाँ
680. (द) श्रीलंका
681. (अ) माइकेल जोर्डन

682. (स) फ्री-स्टाइल
683. (अ) कपिल देव
684. (ब) चेतन शर्मा
685. (द) 5.2 प्रतिशत
686. (द) कैपलर वैसल्स
687. (द) पाँच
688. (अ) अनिल कुंबले
689. (द) रीता अंग
690. (अ) बिहार
691. (स) माइकेल होल्डिंग
692. (अ) एलेन बार्डर
693. (अ) एम.ए. खान पटौदी
694. (ब) ऑर्थर एश
695. (अ) गुल मोहम्मद
696. (ब) भारत
697. (अ) मेलबोर्न
698. (स) उपर्युक्त दोनों—(अ) और (ब)
699. (द) इन्होंने मैदान में सभी स्थितियों (Positions) में फील्डिंग की
700. (अ) बिजली चमकना
701. (द) ब और स दोनों
702. (स) घुड़सवारी के करतब
703. (स) सुनील गावस्कर ने उन सभी क्रिकेट खिलाड़ियों को यह पुस्तक समर्पित की है, जिनका इसमें कहीं उल्लेख नहीं है
704. (अ) किंग आयोग
705. (द) अजित अगरकर
706. (अ) माइक टाइसन
707. (ब) सुनील गावस्कर
708. (स) टॉनी ब्लेयर
709. (ब) लिनफोर्ड क्रिस्टी
710. (ब) ध्यानचंद
711. (स) चैल
712. (ब) आरती साहा
713. (ब) लाला अमरनाथ
714. (ब) सचिन तेंदुलकर
715. (अ) बछेंद्री पाल
716. (अ) मिल्खा सिंह
717. (अ) मार्टिना नवरातिलोवा
718. (द) वॉलीबॉल
719. (अ) पाँच
720. (ब) स्कूनर
721. (द) अठारह
722. (ब) चंडीदास
723. (अ) ग्राहम गूच
724. (स) पंकज गुप्ता
725. (ब) ए.एन. घोष
726. (ब) सुनील गावस्कर
727. (स) विज्ञापन सामग्री, जो लंबे समय से दोहराई जा रही है
728. (ब) पुणे
729. (ब) सन् 1913
730. (द) बिभूतिभूषण बंद्योपाध्याय
731. (स) लता मंगेश्कर
732. (ब) दि सिक्स्थ सेंस
733. (अ) गुलजार
734. (स) विविध भारती
735. (द) यांकी डूडी डेंडी
736. (अ) स्मिता पाटिल
737. (द) मनोरमा
738. (अ) सुनील-नरगिस दत्त
739. (अ) भेड़िया
740. (अ) सऊदी अरब
741. (द) कमल हसन
742. (द) सेन मैरिनो
743. (द) रोशन सेठ

744. (अ) आलमआरा
745. (द) दिलीप कुमार
746. (ब) नया दिन, नई रात
747. (द) ऑस्वाल्ड (खरगोश)
748. (अ) थियोडोर रूजवेल्ट
749. (स) त्रियाथलॉन
750. (स) रवींद्रनाथ टैगोर
751. (स) डुंडी राजगोविंद
752. (स) हम लोग
753. (अ) सिक्किम
754. (अ) देविका रानी
755. (द) सं.रा. अमेरिका
756. (अ) 3,00,000
757. (ब) अमिताभ बच्चन
758. (द) सत्यजीत रे
759. (स) एम.टी.वी. फिल्म सम्मान
760. (स) एनोला गे
761. (द) सन् 1398
762. (अ) सिकंदर
763. (अ) बेल्जियम
764. (स) गेर्निका, स्पेन
765. (ब) अठारह
766. (ब) ऑर्थर वैलेजली
767. (द) मराठा और अब्दाली
768. (द) संयुक्त राज्य अमेरिका
769. (ब) गुलाब
770. (स) रूस
771. (अ) कछुआ
772. (स) गुलाब
773. (ब) रूस
774. (द) 25 प्रतिशत
775. (अ) फल खानेवाला चमगादड़
776. (स) दूसरों के साथ वैसा ही व्यवहार करो जैसा अपने साथ चाहते हो
777. (द) सूअर
778. (ब) वोल्गा-बाल्टिक नहर
779. (द) सन् 1980
780. (ब) अमेजन
781. (ब) सन् 1976
782. (स) कायरो
783. (स) मॉरीशस
784. (अ) सन् 1963
785. (स) इंग्लैंड
786. (अ) सुपीरियर
787. (द) गिद्ध
788. (स) अरुणाचल प्रदेश
789. (द) स्वीडिश
790. (अ) कंबोडियन गुरिल्ला कम्यूनिस्ट बल
791. (ब) लिसोथो
792. (स) रॉबर्ट जिम्मरमैन
793. (स) पाक-अफगान सीमा
794. (द) इंटरस्टेट पुलिस
795. (अ) बीजिंग
796. (स) उत्तराखंड
797. (द) फ्रैंकफर्ट
798. (स) 50
799. (द) सिसली
800. (स) राजस्थान में भरतपुर
801. (स) व्यापारी और सफेदपोश कामगार
802. (अ) सन् 1885
803. (द) पेरिस
804. (स) चीन
805. (अ) दक्षिण अफ्रीका
806. (द) चीन
807. (द) जेम्स प्रथम
808. (ब) चाय
809. (स) गधा और घोड़ी

810. (स) लिवरपूल
811. (द) डेनबे
812. (द) उत्तर और दक्षिण अमेरिका
813. (द) 223
814. (द) इंड्रेल
815. (द) श्रीलंका
816. (अ) गेबॉन
817. (स) प्लेटीपस
818. (स) ग्रीनलैंड
819. (अ) इटली
820. (अ) यांगत्से
821. (ब) मार्क
822. (ब) स्लॉय
823. (द) इथोपिया
824. (स) रोम की सेना में सौ सैनिकों की टुकड़ी का कमांडिंग अधिकारी
825. (अ) हॉनी, (लाओस)
826. (स) 20 प्रतिशत
827. (द) सन् 1984
828. (स) कीवी
829. (अ) 25 प्रतिशत
830. (अ) कंपनी, जिसको शेयर पूँजी की कोई सीमा न हो
831. (द) अबीसीनिया
832. (द) तैलीय पदार्थ
833. (अ) भारत
834. (स) पुर्तगाल
835. (ब) कैनबरा
836. (द) कोरी बस्टर्ड
837. (स) इटली में बोलॉग्ना
838. (द) कैलिफोर्निया
839. (स) कुवैत
840. (ब) सन् 1881
841. (स) चिकित्सा
842. (द) मुंबई
843. (स) साइबेरियन बाघ
844. (अ) माउंट किलिमंजारो
845. (द) रूस
846. (स) लुधियाना (पंजाब)
847. (स) सन् 1907
848. (अ) विएना
849. (स) चिली
850. (अ) सन् 1799
851. (ब) चीन
852. (द) 10
853. (अ) गंगा
854. (स) हेडलबर्ग
855. (स) ईरान
856. (अ) रोल्ड एमंडसन
857. (स) खरगोश
858. (अ) इक्वाडोर
859. (ब) चीन
860. (अ) आर्कटिक टर्न
861. (ब) क्रिस्टोफर कोलंबस
862. (अ) भारत
863. (द) रोम में
864. (अ) इंपाला
865. (अ) बुध
866. (ब) न्यूयॉर्क
867. (द) सूअर
868. (अ) रूस
869. (द) अरावली
870. (स) सन् 1982
871. (स) शंघाई
872. (स) एटलांटिक सैलफिश
873. (ब) 71 प्रतिशत
874. (द) चीनी
875. (ब) वोल्गा
876. (स) 5 जून

877. (ब) तुर्की
878. (स) 23 प्रतिशत
879. (अ) डॉलर
880. (अ) सिक्किम
881. (द) ब्रह्मपुत्र नदी का बार-बार रुख बदलना
882. (ब) ब्राजील
883. (अ) कपि (पूँछ रहित बंदर)
884. (ब) टरक्वोज
885. (ब) डोलोमाइट
886. (द) बइकल झील
887. (स) स्कूल
888. (द) पीला
889. (द) अंबर्टो नोबेल
890. (स) ईरान
891. (ब) क्षेत्र के चारों ओर निश्चित अंतराल पर शौच कर देता है
892. (स) जायरे
893. (ब) रॉक संगीत
894. (स) अफ्रीकी काला साँप
895. (स) 3,214 कि.मी.
896. (स) कागज
897. (स) फिनलैंड
898. (अ) महाराष्ट्र
899. (स) मेक्सिको
900. (द) कान्हा
901. (ब) भृंग
902. (स) चीन
903. (अ) अंग्रेजी
904. (स) ऑरेनगटन
905. (स) उदार
906. (ब) जंगली भैंसा
907. (ब) हरियाणा
908. (स) लगभग 14 प्रतिशत
909. (द) इंटरनेशनल रेडक्रॉस
910. (अ) सर वाल्टर रलैघ
911. (ब) बेल्जियम
912. (ब) बुलेट
913. (स) 33,00,00,000
914. (स) यादवेंद्र पब्लिक स्कूल, पटियाला
915. (अ) पचास करोड़ रुपए
916. (अ) थाइलैंड, म्याँमार और लाओस
917. (स) इमली
918. (ब) जेब्रा
919. (द) क्रोसिन
920. (ब) नासिक
921. (ब) पुर्तगाली
922. (ब) अफ्रीकी हाथी
923. (ब) सोवियत संघ
924. (ब) मेक्सिको
925. (अ) युनाइटेड एयरलाइंस (यू.एस.ए.)
926. (ब) मास्को से पीकिंग
927. (ब) यू.एस. लायब्रेरी ऑफ कांग्रेस
928. (स) केसर
929. (द) दीवार घड़ियाँ
930. (अ) उल्लू
931. (अ) भारतीय संविधान
932. (अ) बंगाल गजट
933. (ब) बिल गेट्स
934. (स) वेंकटेश्वर मंदिर (तिरुपति)
935. (द) राज्य
936. (स) टेटेनियम
937. (स) पुरानी दिल्ली
938. (स) नीला
939. (अ) अलास्का
940. (स) पचास गुना
941. (द) उपर्युक्त सभी

942. (अ) तेलुगु
943. (द) भारत में पहली बार हवाई डाक सेवा शुरू हुई
944. (द) शुक्र
945. (अ) हर्म्स
946. (अ) न्यूयॉर्क
947. (अ) लाइका (कुत्ता)
948. (स) बैंकों के राष्ट्रीयकरण के लिए
949. (स) फरवरी
950. (द) एल्बेट्रॉस
951. (ब) सींगवाला टोड (अमेरिकी)
952. (स) प्याज
953. (स) इंपीरियल बैंक ऑफ इंडिया
954. (अ) सतलज, रावी, व्यास, चिनाब और झेलम
955. (स) इंद्र
956. (अ) चंद्रगुप्त मौर्य
957. (अ) सन् 1915
958. (स) शाप के कारण पत्नी माद्री के साथ सहवास करने पर
959. (स) एजेंट ऑरेंज
960. (द) सरदार भगत सिंह
961. (ब) कौटिल्य
962. (स) 15
963. (स) कैप्टन स्पेक
964. (ब) डेनमार्क
965. (द) क्लिमेंट एटली
966. (अ) 1600
967. (द) आठवीं शताब्दी
968. (द) श्रीरंगम् (त्रिची के पास)
969. (ब) सवाई जयसिंह
970. (स) 13,516
971. (द) महाराजा हरि सिंह
972. (द) चेतक
973. (ब) डॉ. के.बी. हेडगेवार
974. (स) बीजू पटनायक
975. (द) वी.के. कृष्णमेनन
976. (अ) ह्वर्लपूल
977. (अ) नारियल
978. (स) थाइलैंड
979. (द) इंग्लैंड
980. (अ) असम
981. (ब) नल
982. (द) बाँस
983. (अ) न्यूयॉर्क
984. (अ) पंडा
985. (ब) शल्य
986. (अ) मोजार
987. (अ) बॉक्साइट
988. (स) रूस
989. (ब) अफ्रीकी हाथी
990. (अ) जावा द्वीप का गैंडा
991. (स) हाउलर बंदर
992. (स) चिंपांजी
993. (द) कोआला (ऑस्ट्रेलिया का रीछ)
994. (अ) स्टिकलवैक्स
995. (स) अबाबील जाति का पक्षी
996. (द) एवोकाडो
997. (अ) फ्लटरबाई
998. (ब) टार्टरिक अम्ल
999. (स) जॉन लॉगे बेयर्ड
1000. (ब) टैड टर्नर